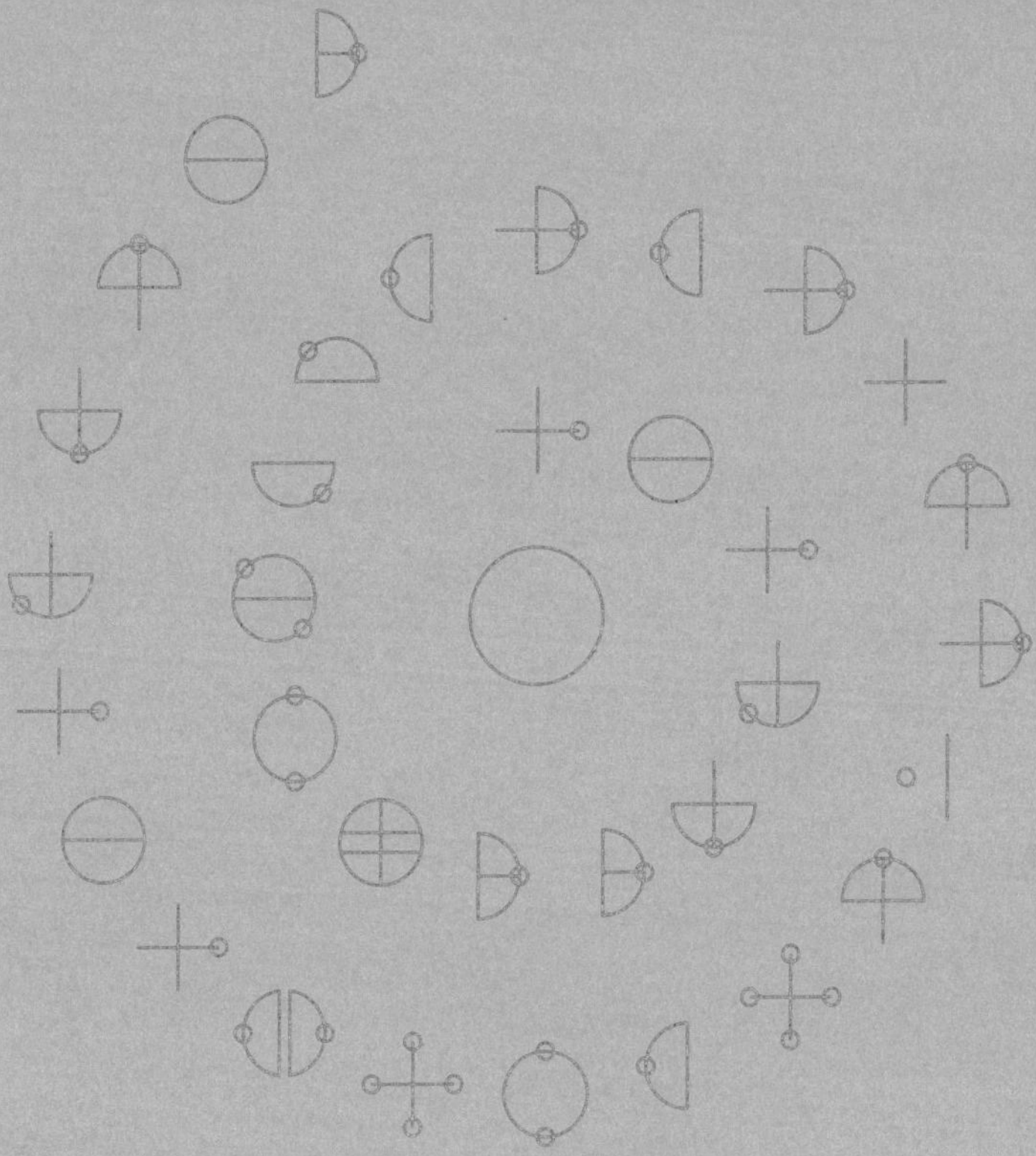

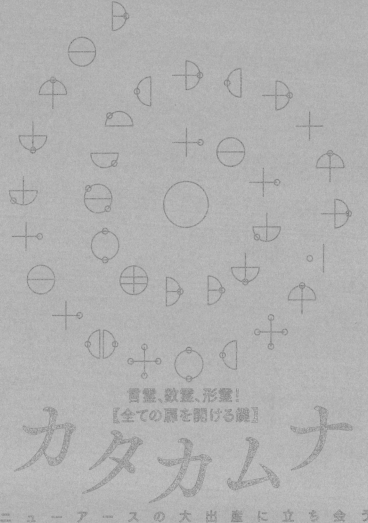

言霊、数霊、形霊！
【全ての扉を開ける鍵】

カタカムナ

ニューアースの大出産に立ち会う

カタカムナ言霊伝道士
吉野信子
＋
植物・ハーブ研究家
入口初美

ヒカルランド

私が光を抱いて
反転を起こすとき、
私の光はあなたの世界を
輝きで包む

カタカムナ神社と言われる、兵庫県の保久良神社にて、
吉野信子氏と同行者によって2014年11月に撮影。

「ORIN（御鈴）？」と「三本柱」のメッセージが出現

何かを告げる不思議な写真が次々と……。

平和の御子(みこ)出産の儀：2016年10月10日 保久良神社にて。

日本武尊（やまとたける）・磐長姫（いわながひめ） 御柱祭
2017年1月11日
伊勢神宮下宮にて撮影。

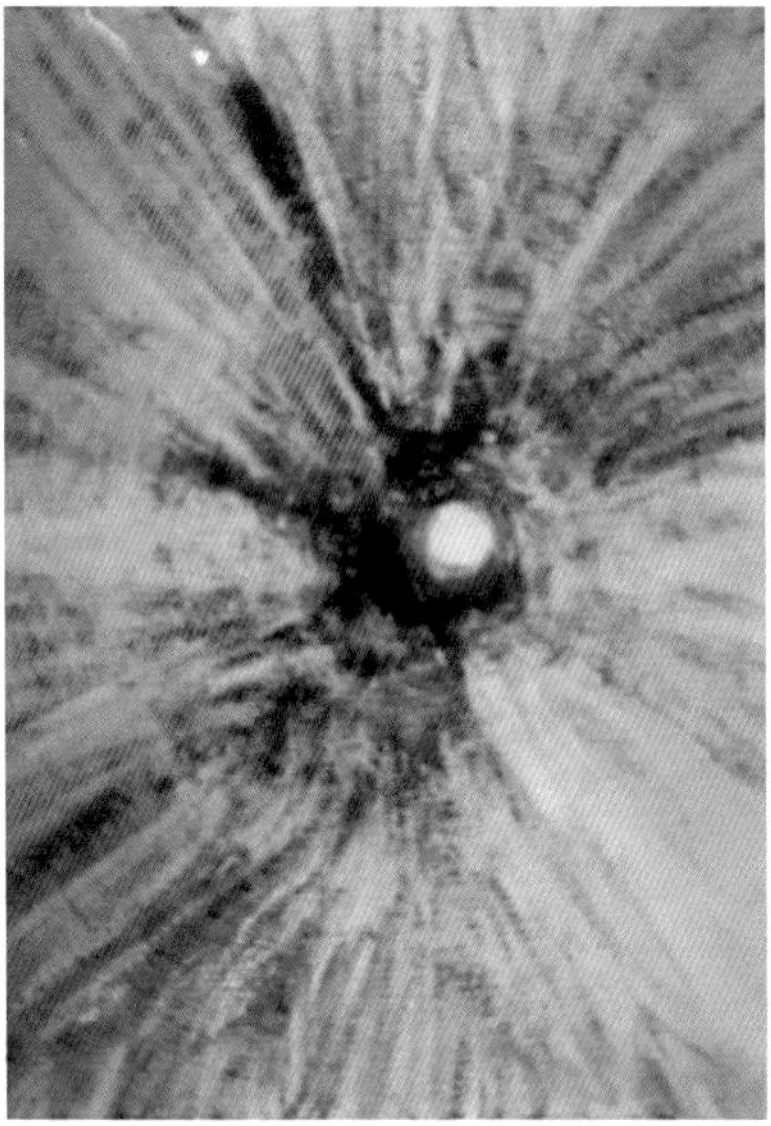

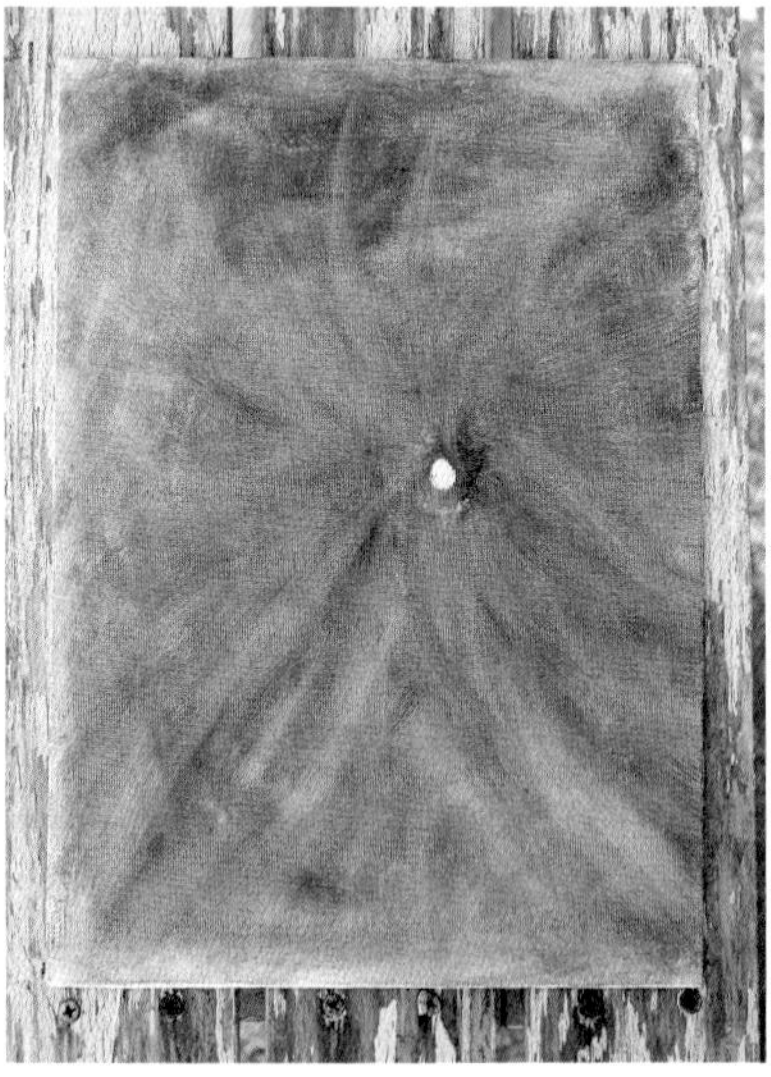

臨死体験直後、はっちゃん（入口初美）が包帯で描いた絵。

はっちゃんのガーデンにある渦巻き状の祈りのフィールド。
渦を回って中央の木と出会う。

越木岩神社：2022年6月28日。

はじめに

石垣島のはっちゃんとの出会いから約8年、振り返ってみると見事なまでに仕組まれた出会いだったと思います。

はっちゃんはそのころ、ハブに咬まれて、一度、あの世に行き、戻ってきた！文字通り、死ぬ思いで、生き返って、新しい人生を歩み出したときでした。

私は、何故か沖縄のユタさんと出会い、日本中をカタカムナを解明するために御心事（心に関わる神事）をして歩いていました。一体、何がどうなっているのか？ドンドン読み解きながら、日本という意味をつなげていきました。

そうして今、大体、すべての謎が読み解けたこの時期に、この本が、ヒカルランドから出版されました。

タイトルは出版社が決めてくださったので、私はこの「はじめに」を書く時点で【全ての扉を開ける鍵】カタカムナというタイトルを知りました。

一応、数霊で読み解いてみてビックリしました！
（この本を初めて読む方にとっては、カタカムナの数霊の読み解きが何故そうなるのかが理解できないかもしれません。その場合は趣旨だけでも理解していただければ大丈夫です。本文を読んでくださると後につながる部分が出てきます）

全ての扉を開ける鍵＝177
（1は、根源から出る（入る）、77は7＋7となり、合計14でカタカムナを表す数字になる。77で「覚醒」という意味がある）
合計数177の数霊を持つ言葉には「アセンション」があります。また、17は統合する・7は調和とも読め、形に直すと「十と〇」のカタカムナマークになります。
正に鍵穴に鍵を差し込む感じ。また、鍵と表現されたのは、はっちゃんの住む石垣島が鍵の形をしているからでしょう（PART1参照）。
最後の「カタカムナ」の103を足すと、このタイトルは、
177＋103＝280（神＝28、そのモノ＝0）と言っています（ゼロはそのものと訳す）。

何の神かというと、こんな事を書くのは本当におこがましくて憚（はばか）られるのですが、他の言葉はドンドン読み解くのに、自分たちに関することは隠すというのではおかしいので、正直に言いますね。

入口初美↓　イリグチ(29)・ハツミ(89)

「エネルギーが、龍神」と読め、計118(引きより離れる＝循環する・オホミカミ)となり、1＋1＋8＝10(十)

吉野信子↓　ヨシノ(47)・ノブコ(34)

「引き離れる、光」となり、計81(離れて根源へと出る入る・「縄文」の数霊)、8＋1＝9(〇)で、両方で、十九(トコたち)となります。

2人のコラボということで、2人の名前を足してみると、

(数字が全部1と8ですね)

118＋81＝199（艮の金神）となるのです。

ヒカルランドが100（反転）の数霊を持つので、「銀の龍」を「艮の金神」に反転させるという意味だと思われます。

「Dr.コトー診療所」で描かれた、与那国島（22）で生まれた命を救いたいと思う切なる願いの銀の龍が、屋久島（55）で艮の金神「愛」に反転します。

（琉球諸島を沖縄を顕わす「ウチナー（内側）」と広く捉えると、日本が始まる与那国島から艮の方角に立ち上がった龍が、日本列島に突入する前の「屋久（89と表現できる）島」で、外側に反転を起こし、艮の金神として、日本列島を縦断して立ち上っていく……）

その火付け役を仰せつかったのが、この本だという気がします。

力の無い2人が書いたこの本に、その大切な使命があるとしたら、どうかその役割の一端を果たせますように……。

心から祈りながら、この本の「はじめに」とさせていただきます。

２０２３年２月22日の発売に寄せて

時間をかけた(20)愛(23)の振動(２)が外へ(22)と伝わる日

カタカムナ言霊伝道士　吉野信子

言霊(ことだま)、数霊(かずだま)、形霊(かただま)！(13－16＋31＝28(神))

【全ての扉を開ける鍵】カタカムナ(２８０＝神そのモノ)

ニューアースの大出産に立ち会う(４０９＝奥深くから・発信放射)

総合計：７１７↓調和の統合(〇十)

もくじ

Part III

植物の効能とエネルギーをカタカムナで解き明かしたい!!

ブックデザイン　鈴木成一デザイン室
大口典子（nimayuma Inc.）
表紙写真　乾真紀江
アート作品　瑠璃
図版協力　千々松健
細川秀人
編集協力　宮田速記
校正　麦秋アートセンター

Part

I

宇宙のしくみの核心になぜカタカムナがあるのか⁉

Chapter 1

カタカムナのルーツの地、芦屋でライブセッション始まる!?

吉野　いつもはっちゃんと会うときには不思議なことが起こるのよ。

入口（はっちゃん）　ここはどこだっけ。

――芦屋。

入口　のぶちゃん、芦屋も何かありますよね。

吉野（のぶちゃん）　ここ、芦屋なんだ。クルマで来たからわからなかった。

悲しい。うれしい（笑）。どうしたらいいかわかんない。

いやあ、すごいなあ。芦屋は、カタカムナのルーツ。

カタカムナの1首は「カタカムナ　ヒビキマノスベシ　アシアトウアン　ウツシマツル　カタカムナウタヒ」で、「アシア」というところからカタカムナは始まっているんです。

入口　それで、今、芦屋にいるのよ。
窓からは、六甲山も見えます。

吉野　六甲山といえば、楢崎皐月氏※が、平十字（ヒラトオジ）という不思議な老人からカタカムナウタヒが書かれた巻物を見せてもらったところ。
六甲、芦屋ではっちゃんとの対談本を生み出すなんて。
これはすごいことですよ。そして、今日6月28日は私の誕生日。

入口　おめでとうございます。

カタカムナウタヒ1首

※楢崎皐月（1899年—1974年）
日本の物理学者・電気技術者。「カタカムナ文明」と称する上古代文明の存在を主張した。1949年、六甲山山系の金鳥山付近で「平十字」という人物に出会い、「カタカムナウタヒ80首」の巻物を書写させてもらう。その後20年ほどカタカムナの研究に打ち込み、カタカムナ文字の読み方の解読に成功する。

入口初美（はっちゃん）
ナチュラルメディスンガイド。植物・ハーブ研究家。幼少期より植物や自然界からのメッセージを受け取り、石垣島の自然の中で暮らす。2015年に交配種のハブに咬まれ、心肺停止、臨死体験で30年後の未来を見て、生還！

吉野　ありがとうございます。
これは何かあるよね。

入口　私は11月28日生まれで、同じ28日。

吉野　28は、完全数なの。

入口　数霊ですね。のぶちゃんはなんでもすぐに紐解いて、本質をズバッと教えてくれるから、本当に面白い。

吉野　この世の現象にはすべて波動があって、カタカムナの言霊、数霊、形霊を使って読み解くと宇宙の真理がわかるから、読み解かずにはいられない（笑）。

テーマソングは中島みゆきの「銀の龍の背に乗って」

吉野　中島みゆきの「銀の龍の背に乗って」が、はっちゃんと私のテーマソングです。私が勝手に決めたの。

吉野信子（のぶちゃん）
カタカムナ言霊伝道士。2012年に、音が持つ思念（言霊）を読み解き「カタカムナ48音の思念表」を完成させる。続いて数霊、形霊の法則も発見！ 日夜、カタカムナが伝える生命の神秘、宇宙法則の研究に没頭中！

入口　私も中島みゆきが大好きで、小学校から聴いている。

吉野　これはドラマ「Dr.コトー診療所」のテーマソングで、私はいつも聴いてます。私が校長をしているカタカムナ学校のテキストにも載っていて、授業でもみんなで歌っている曲なのね。

イリキヤアマリというのを解放した、この絵をはっちゃんに贈ったよね。

入口　地球があって、龍がいるという絵。のぶちゃんに送ってもらう前に、そのビジョンを私が映像で見ていたんです。龍が玉を持っていて新しい地球ができているというのがビジョンの中にあって。あれは2016年ぐらいでしたよね。ハブに咬まれた後。

ちょうどそのときに、カタカムナの2回目の授業が沖縄であって、私が夢見たこととか感じていることが、その日の授業でまさに出て来て、全部、ぴったしぴったし

「イリキヤアマリ」瑠璃：作

はまっていくという体験をしました。

それが、この絵だったんです。

ビジョンの中でワイングラスのように見えたのが、実は龍の玉だった。

――はっちゃんが見たのは、新しい地球のようなもの？

入口 新しい地球で、エネルギーが流れていて、龍の玉がワイングラスに見えたの。そしたら、この絵になっていたという感じで、この生き方をやっていこうと思ったの。

吉野 これはイリキヤアマリの絵というのでアーティストの瑠璃さんが描いてくれた作品です。イリキヤアマリのエネルギーや、この絵に描かれていることは少し詳しく説明しないと、なかなか読み解きが難しいので後程じっくり。

小学生のとき、カタカムナの文字をビジョンで見てしまった！

吉野 はっちゃんが、植物と話をしたり、興味を持っていろんなことをやり出したり、こんな人生を歩み出したきっかけは何?

入口 祈りとか、見えないものを見る文化が沖縄にはあって、小さいときからその世界の中で生きてきたというのもあるんだけど、弟が亡くなったときに、私の中で祈りの世界が終わったんですね。

それから「意識」というところに興味が向いていって、この世界を創っている大いなるものについてより惹かれるようになりました。

カタカムナとの出会いはおもしろくて、小学校の3、4年生ぐらいのときに、先生が黒板に字を書いているときにカタカムナの文字が出てきたんです。

――エッ、先生が?

入口 先生が書いたんじゃなくて、ビジョンとして黒板に出てきて、私に見えたということがあって、これは何だろうとそのときは思っていたんだけど、大人になってから、友人が「はっちゃんが言っていたのはこれじゃない?」と宇野多美恵※さんの本を持ってきたんですね。それを見たときに、これだ、と思ったわけね。

ここに大事なことが書いてあるのはわかるんだけど、意味がわからない。ということで、そのまんまにしていた。ただ、これには本当にひっくり返るようなことが書かれているということだけは直感的にはわかって、勉強したいなというのはあったんだけど、それがカタカムナだということもあんまり認識してなかったんですね。
そしたら、実は私がハブに咬まれる前の2015年にのぶちゃんと出会って、沖縄本島の勉強会に行くようになったんだけど、もう知りたくてワクワクして。

吉野　ハブに咬まれた後に出会ったんじゃないの?

入口　ううん、咬まれる前に一応会っていて、その後、第2クールのときにまた会っているんですよ。実は第1クールは、勉強しに行こうと思ったのに、1回目か2回目ぐらいのときにハブに咬まれてしまって行けなかったんです。
だけど、私があの世で見てきた世界のエネルギーとか、ここに真実があるということはわかっていたから、ハブに咬まれた後にどうしてものぶちゃんのところに行きたくて、左手で描いた絵とかを見せたんですよね(口絵参照)。

吉野　そう。私が覚えているのは、沖縄本島でのセミナーのときに、ハブに咬まれ

※宇野多美恵(1917年―2006年)
楢崎皐月氏の後継者として、楢崎氏の口述を「相似象会誌」として表す。楢崎氏の死後は、自力で「カタカムナウタヒ80首」の解読書を出版する。宇野氏以降は正式な後継者とされる人は無い。

て九死に一生を得て、退院したばかりのはっちゃんが、向こうから歩くのもようやくみたいな感じでどんどん近づいてきて、私の真ん前に座ったんですよ。

私は、この人、歩けもしないような体で、長時間のカタカムナセミナーを受けに来て、しかも、一番前にやってきて、何事だろうと思ったんですね。

そして、カタカムナの話をしたら、すごいうなずいて、涙を流しながら「これ、これ」という感じで、私が言っていることがすごくわかったんでしょうね。

入口　のぶちゃんはカタカムナが伝えている命の中のシステムを話してくれているんだけど、私が向こうの世界に行ったときに見てきたビジョンと同じなんですよ。

吉野　一体どこが同じなんだろうと思って、私が撮った光の写真とかを見せたら、はっちゃんが、ＩＣＵの病室で自分が見たビジョンを忘れないように、１００円ショップで買ってきた絵の具で自分の包帯を筆がわりにして描いた絵を見せてくれて、それが私が持っている光の写真と同じだったんですね。

それで、私もすごく感動して、こんな出会いってあるのという感じでした。

その後、はっちゃんがだいぶよくなって、石垣島でもカタカムナのセミナーを主催しはじめてくれたんだよね。

入口　そこからまたいろんなことがつながっていくということが起きてきた。

吉野　そのときにハブに咬まれたときの写真を見せてくれて、こんなになるのって、びっくりしたんです。ホースと間違えてハブを握って、咬まれたんだよね。

入口　そうそう。それも毒性がとても強い交配種のハブだった。

吉野　こういう状態でセミナーに参加してくれたんだよね。

入口　参加したときは、まだ手に穴があいていて包帯している状態。

あのころは、あの世の感覚を求める気持ちがあって、あの世こそ戻る場所、一筋の光みたいな感覚なんだよね。

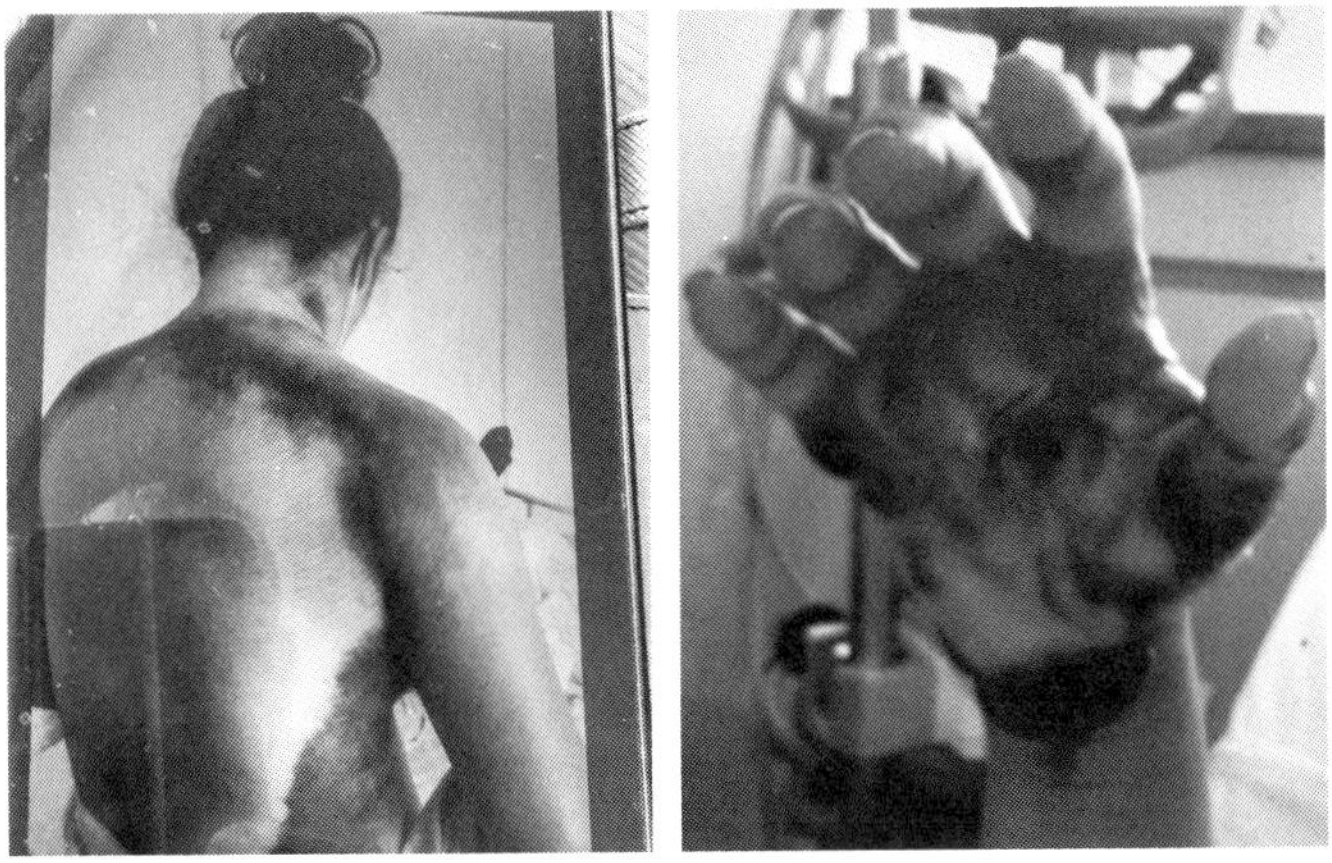

ハブに咬まれたあとのはっちゃん

今は、体がこの社会に慣れてきているからいいんだけど、あの世とこの世を行ったり来たりしているときは、呼吸も浅かったから、話もあまりできなかったのね。だから、その一筋の光を見るしかないというか。

――それがカタカムナだったんですか。

入口　カタカムナの中に全部があるわけね。

これは理屈じゃないんですよ。理屈じゃないところをのぶちゃんが本当にきれいに紐解いて説明してくれるから、もうバチッ、バチッと共鳴し合う感じになって。

吉野　びっくりという感じだったね。

私は紐解くのが専門で、そういう体験はないんだけど、はっちゃんはカタカムナを体で感じる方で、ハブに咬まれたことによって出会ったという感じでしたね。

入口　本当に苦しいときに答えにつながる道を見つけるというか、ターニングポイントがやってくる。

そのときに、誰から教わるかとか、そういうつないでいくエネルギーって大事だなと、すごく思っているんですね。

今はカタカムナも、たくさん教える人がいるじゃないですか。私は小学校のときにそれをビジョンで見たけど、のぶちゃんに出会ったときに、この人だから隠されていたものを表に出すんだとすごい感じて、その信頼はありますよね。ハートの部分で、間違いがないというのがわかる。

のぶちゃんのすごい発見は、カタカムナ48音の一音一音が持つ意味を「言霊思念表」として表したことで、この思念の発見の仕方がまた普通じゃない。

吉野　カタカムナウタヒの5首と6首※は、「ヒフミヨイ　マワリテメグル　ムナヤコト　アウノスベシレ　カタチサキ　ソラニモロケセ　ユヱヌオヲ　ハエツヰネホン（カタカムナ）」で、日本語の48音が一つも重ならず見事にはいっているんですね。私は毎日、毎日、この音が伝えようとしていることを知りたいという一心で声にだして唱えたり、その音が入っている言葉をノートに書き出して、「これらの言葉の中で表現されている48音の一音ずつが持つ共通概念とは一体なんだろう?」と自分自身に問いかけてきました。

※カタカムナウタヒ5首6首
48音を一音ずつ見るときはすべてが清音になり、ウタとして読むときは、「ク→グ」に「ヘ→ベ」に変えて言葉として意味が通るように読みます。（吉野）

そしたら、天から降ってくるみたいに、その音のエネルギーが持つ思念がパッとひらめくの。もう何かに導かれているとしか思えない感じだったよ。

入口　すごいよね、この純真さと集中力が、のぶちゃんです。

吉野　そして2ヶ月ほどでカタカムナ48音の言霊「思念表」が完成しました。

次に、ヒフミヨイが数字の12345だと言うことに気づき、ウタヒの5首6首の並び通りにたまたまつけていた通し番号が、実は「数霊だった!」ということに気づいたの。それで、数霊と思念が結びついたのね(巻末資料参照)。

その後、形も周波数の違いでできているんだとわかり、形霊の法則を見つけました。

入口　カタカムナへの熱意とエネルギーがすごいのがわかるでしょ。

それをハートからの情熱でやっているし、祈りを実践する姿も見てきました。

また私たちには、同じ様なことが起きるんですよね。

吉野　はっちゃんや他にも多くの方々とつながって、不思議な体験をしながら、何年間も言葉や数や形を読み解き続けて、徐々にわかってきたんですね、宇宙の法則が……。

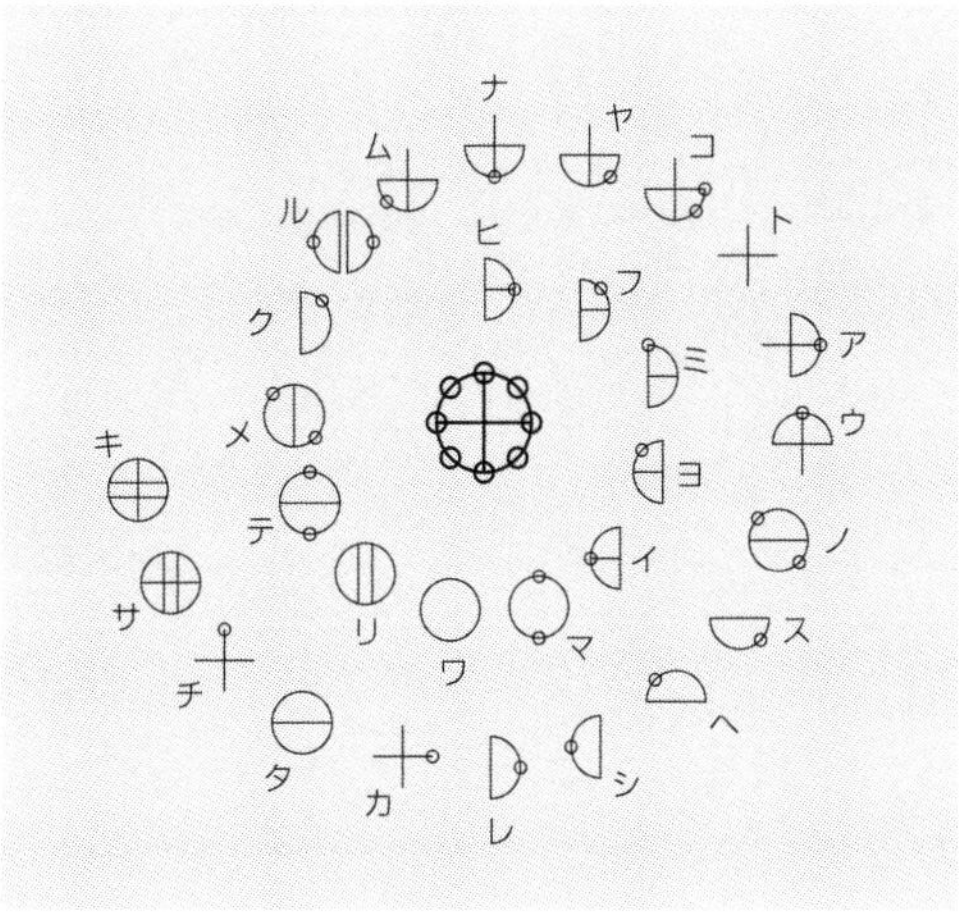

カタカムナウタヒ5首

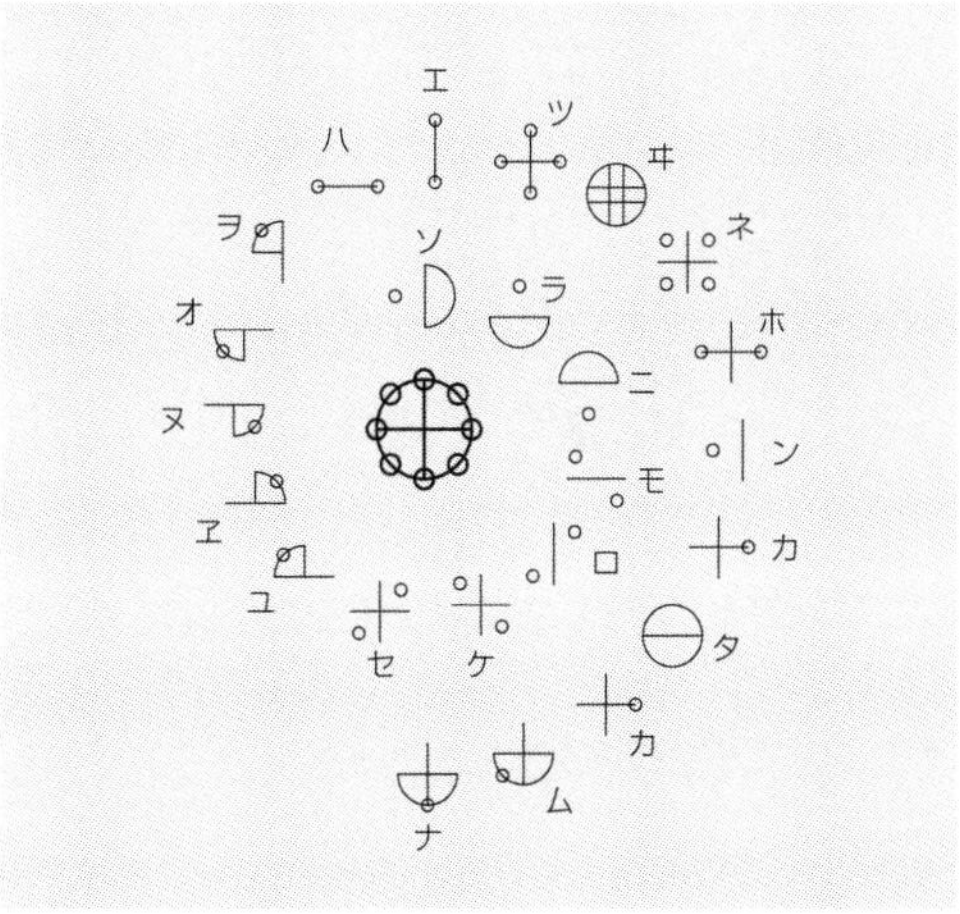

カタカムナウタヒ6首

Chapter 2

カタカムナが滅びないように守ってくれた神様の名は、瀬織津姫(六甲比命大善神)!!

ウサギという卵子に精子が降りて、受精卵(カタカムナ)になる!?

吉野　カタカムナの神は瀬織津姫で、地球の聖杯のことなんですよ。

瀬織津姫は六甲比命大善神(ろっこうひめだいぜんじん)といって、芦屋の六甲山の奥のほうに行くと六甲山で一番巨大な磐座(いわくら)があって、それが六甲比命大善神の磐座なんですね。

その磐座は、全体はウサギの形をしているんですが、実は女性器なんですよ。

ウサギ(卯)というのは卵子のことで、それにチョンチョンと精液が入ると受精卵になるんですね。

つながるのが2つ要るらしいんですよ。

六甲比命大善神の巨大な磐座はウサギの形だといわれている。
ウサギとは卵子を意味する

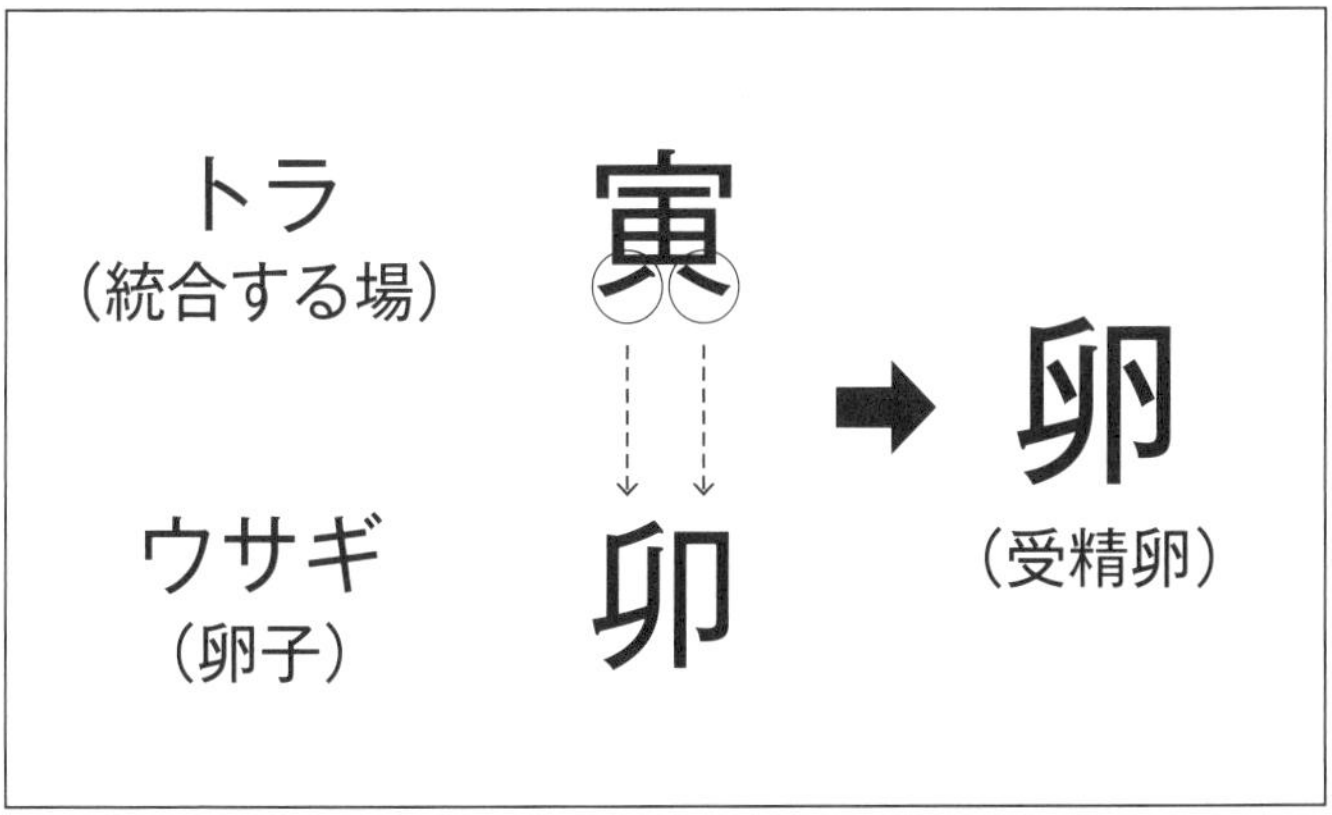

トラとウサギから（受精）卵となる

それがトラ（寅）の「統合する場」というんだけど、寅という漢字の下の「ハ」という字がウサギに降りてくるんです。

精子がウサギに降りてきて受精卵になって、それから命が生まれる過程を十二支が表しているんですね。

大いなる力に導かれて、カタカムナ開放の御心事がはじまる!!

吉野　私は、2010年ごろから本格的にカタカムナの世界を探求し始めたんですが、今に至るまで、本当に不思議なことの連続だったんですね。

出会った人や出来事を通して、何か次につながるヒントを受け取ってその通りに動いてきたんですが、中でも沖縄の三人の方の導きが大きかったんです。

その一人がはっちゃんで、あとの二人は宮古島の女のユタさんと沖縄本島の男のユタさんです。その三人が、ここに行け、あそこに行けと導いてくれて、私は封印されたカタカムナを開放するためにそれをずっと回って、御心事をしてきたんです。

私は自分たちの御神事を「御心事」と呼んでいるの。全ては心に関する神ごとなので。

入口　カタカムナは、沖縄、琉球と深い関わりがあるんです。

吉野　私は瀬織津姫とスサノヲ命がカタカムナ神だと思っています。

瀬織津姫とは、簡単に言うとカタカムナが滅ぼされないように隠してくださった方なので、私たちは先ず、瀬織津姫を探し出し、「もう一度、カタカムナをこの世に蘇らせてください」とお願いしなくちゃいけない。そして、世界を平和にするために、そのための御子（エネルギー）を蘇らせるという御心事を何年もやってきたんですね。

２０１４年にカタカムナ神社といわれる聖地、保久良（ほくら）神社※で私と仲間の方が撮った写真に、なんとも不思議な光のメッセージが映ったんです（口絵参照）。

※保久良神社
六甲山系金鳥山の中腹・保久良山に鎮座する神社で、境内外に渦巻き状に配置された多数の磐座群が見られ古代祭祀の場であったと考えられる。カタカムナウタヒの巻物をご神体とするカタカムナ神社ではないかといわれているカタカムナの聖地。
（神戸市東灘区本山町北畑６８０）

カタカムナのシンボルである八咫鏡（やたのかがみ）の一つ目や富士山がくっきりと映っていて、ここから日本全国を股にかけた本格的な謎解きが始まりました。

そしてこの年に、アーティストの瑠璃さんが描いた「瀬織津姫と天照大神」という絵に出会って衝撃を受けて、その絵に描かれている鏡をつくらなきゃいけないと思ったんですね。それで鏡を作ってくれる人たちに八咫鏡をつくった奈良の鏡作神社にお参りしてもらって、5人の鏡師に同じ形につくってもらいました。レーザー光線で数霊を入れてあります。

それから、翌2015年10月に六甲比命大善神にあるウサギの形をした磐座にお参りに行ったんです。

そしたら、ここの壁に同じ絵が飾られていたの（39P参照）。

びっくり。エーッ、何なのと思った。

入口　ウワーッ、ほんとだ。

吉野　磐座の中に入ると白い玉が2つ祀られていました。一体何かと考えたら、「ここは子宮だから、これは精子だ」という答えが降りて来たので、これをやりなさいと私に言っているのねと思ったんです。それが10月19日のことでした。

「瀬織津姫と天照大神」 瑠璃：作

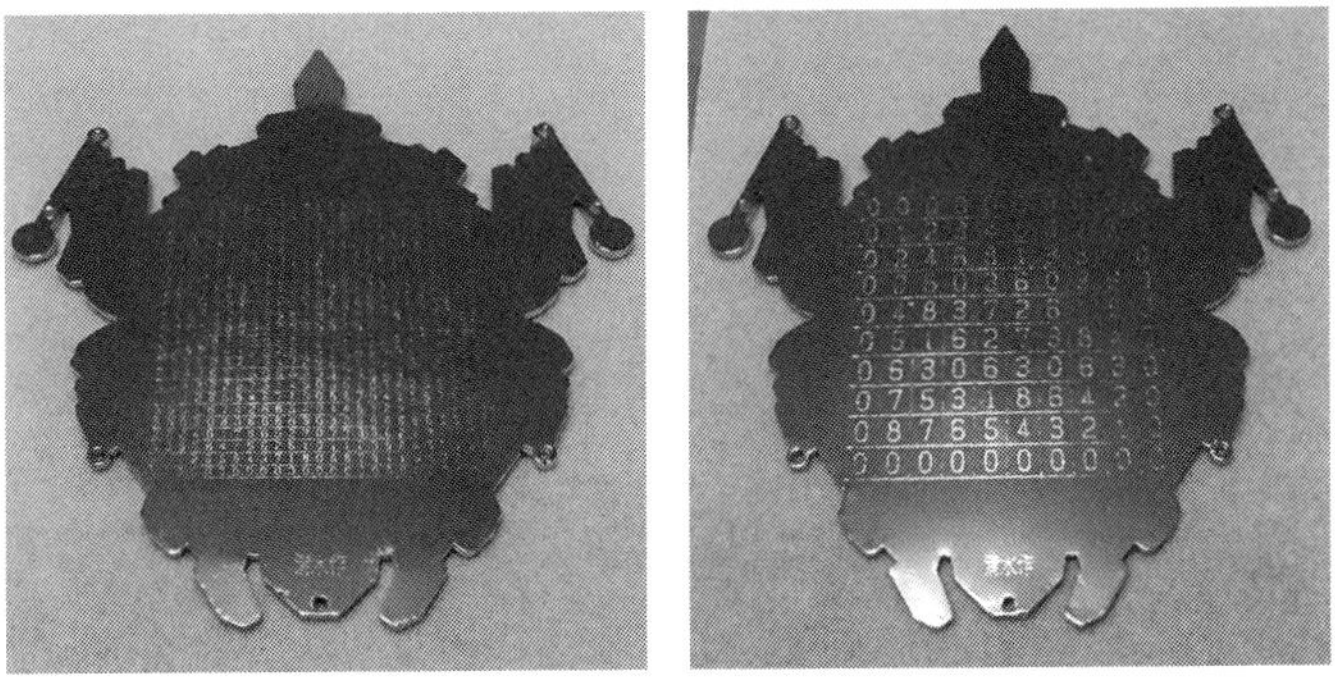

絵の中の鏡を模して特注で作った鏡 2014年

翌２０１６年の3月3日、桃の節句は瀬織津姫のお誕生日なので、私と仲間のみなさんで、再び六甲比命大善神に行きました。

セヲリツ姫のお誕生日のお祝いということで、桃の花をお供えして、「ハッピバースデイ・ツー・ユー」をみんなで歌って、バースデイカードを書いて、「セヲリツ姫様のお誕生日と桃の節句を祝って」という文章を読み上げました。

そのとき、六甲比命大善神の祭壇には、誰が置いたのかはわからないけど、六角形の真ん中に松ぼっくりが置かれていて、前回あった2つの白い（精子の）石と、この六芒星と松果体（しょうかたい）を表す松ぼっくりは、カタカムナに対するメッセージだと感じたんです。

この2つを現象化しなさいとおっしゃっている。

では、ありがたくそのお役目を引き受けよう、そう決意して、「八咫鏡文字（やたかがみもじ）であるカタカムナを蘇らせてください。示してください」とお願いして外に出たら、直後に光がパーッと差してきたんですね。

直ぐに写真を撮ったら「ＯＲＩＮ」と読める文字がオーブで描いてありました。

この青い部分も3本の光の柱も、すべてオーブなんです。３本柱の光のメッセージ

2015年10月19日、初めて参拝した六甲比命大善神に
同じ画が飾られていることを知る

❷ 2016年3月3日に行ったときには「六角形と松ぼっくり」が飾られていた。松ぼっくりは松果体の象徴

❶ 2015年10月19日、六甲比命大善神の磐座の祭壇には、「2つの白い球(精子のようなもの)」が……

（口絵参照）。

――そこにはなかったのに？

吉野　何もないんですよ。これは光だから。

それから、一緒にいた仲間が撮った写真には、その横に、三角形の紙みたいなのがヒューッと出てきたの。これも光なんですよ。目があって、1、2、3、4とピラミッドみたいになっていて、横に「人」という字の光が入って、その中がジグゾーパズルみたいな異次元（口絵参照）。

誓いを言った直後にこれが出てきた。

謎の絵と沖縄平和祈念堂

吉野　そのころ、兵庫県の高御位山（たかみくら）でも御心事をずっとやっていました。高御位というのは天皇が座るところという意味の「高御座（たかみくら）」と同じ音。カタカムナの読み解きでは、同じ音は同じ本質を持つんですね。

ここは、九鬼文書が発見された高御位神宮があって、山頂には九鬼家の人が書い

高御位（兵庫県）山頂参拝
2016年2月3日（節分の日に）

中山博先生があわうたを詠唱。
その後幾つかのお告げが降ろされる……

た「天君再臨　霊界粛清」という、新しい天皇が再臨するということが書いてある天乃御柱（あめのみはしら）天壇があります。その柱の裏には「世界平和」と書いてあったの。

2月3日の節分祭に参加したときに、もう亡くなられましたが、中山博先生がたまたま来ていらしてあわうたを奉納されました。私たちはヒフミ48音の歌を歌ったんですが、たまたまそこに来ていた方に説明して、「ヒフミ48音の歌を一緒に歌ってください。必ず世界平和になりますから」と言って、みんなで歌ったんです。

数えたら、ちょうど48人いたんです。

中山先生は、あわうたを詠唱された後、降りてきた映像を絵に描かれて、それを私に渡して「読み解きなさい」と言われたんです。

こんなのわかるわけないと思っていたんですが、その後宮古島に行ったときにユタさんが祈ってくれて、「沖縄平和祈念堂に行きなさい」と言われたから、その日のうちに行ったんです。それが2016年6月30日です。

そしたら、さっきの中山先生の絵がこれだということがわかったの。

兵庫県の高御位という山の頂上で見えたビジョンが、頭と耳とわかるように――描いた中山先生もわかってないけど、三、三と書いてあるんですよ。

入口　なるほど、耳だ。

吉野　人の形とも思ってないけど、三、三と書いていて「耳」。その下が「手」ということがわかった。そして台座の下までが全くこの形だったの。こんなことある？

入口　へえー、すごい。

吉野　それで、私はウワーッと泣き崩れて。まさかそこにあるとは思わない。ちょうどそのときこの絵を持っていたの。中山先生から託された絵の形が沖縄の平和祈

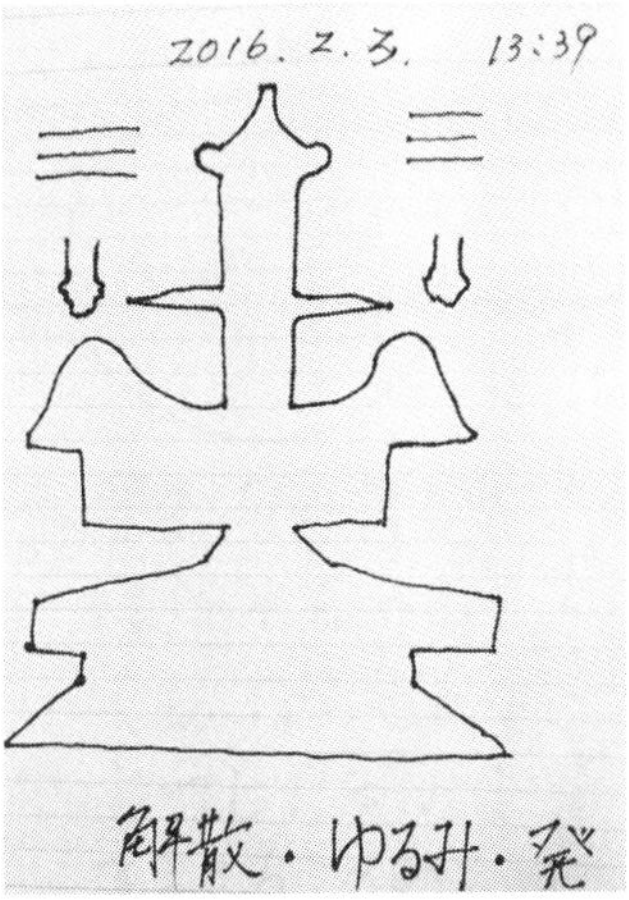

高御位神宮(兵庫県)で
中山博先生から渡された絵

2016年6月30日
沖縄平和祈念堂にて

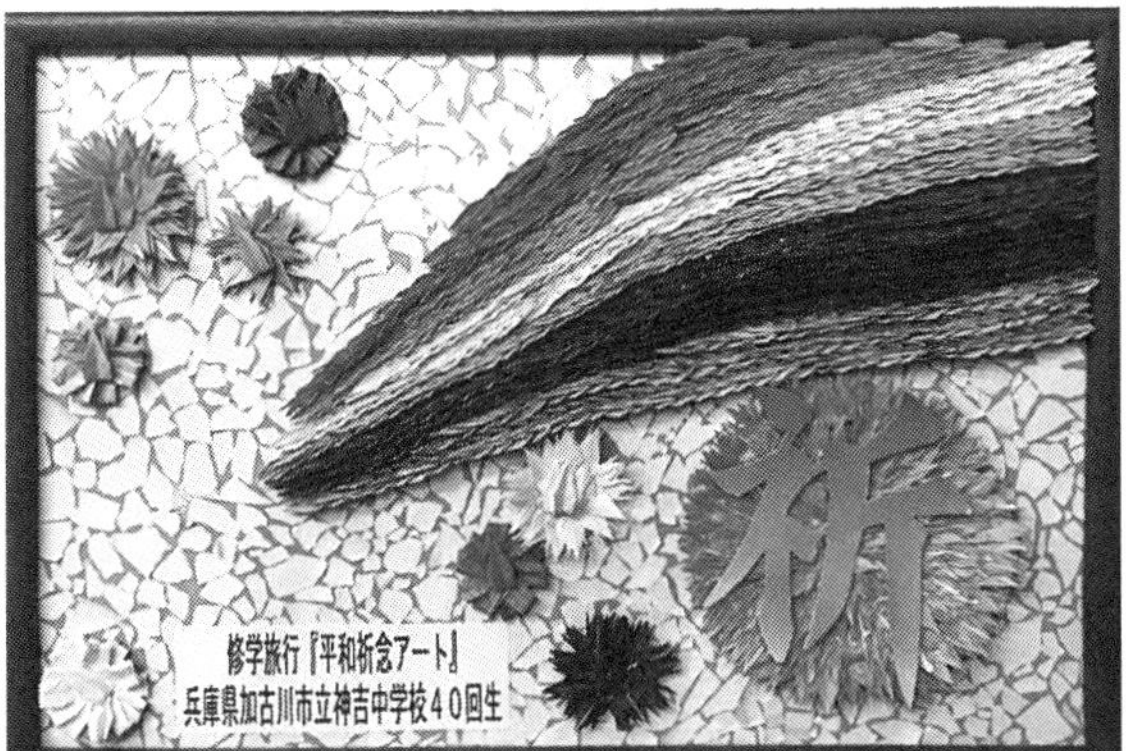

平和祈念像前に高御位山麓の加古川・神吉中学校生のアートが

念堂のこの像だったとは。

沖縄で、戦争が一番激しくて命がいっぱい失われたところに建てられた平和祈念堂の観音像が天皇の高御座に座っていて、時空間を超えて兵庫県の高御位と直線でつながっているんだというのがわかって、私は泣き崩れた。みんなは頭がおかしい人がいると思ったらしくて、外に出て行かれました。

しかも平和祈念像前に飾ってあったのが、兵庫県の高御位山麓の中学校の生徒が奉納した絵だったんです。こんな偶然て……。

入口　いや、偶然なんてないですよ。

吉野　そうよね。信じられないけど、すべて本当のことなんです。

出口と入口／トランプカードはどこに誘う!?

吉野　そういういろんなことがあって、まずは、六甲比命大善神に供えられていた、精子2つを探しに行くことにしたんですが、沖縄本島の男のユタさんが、「兵庫県

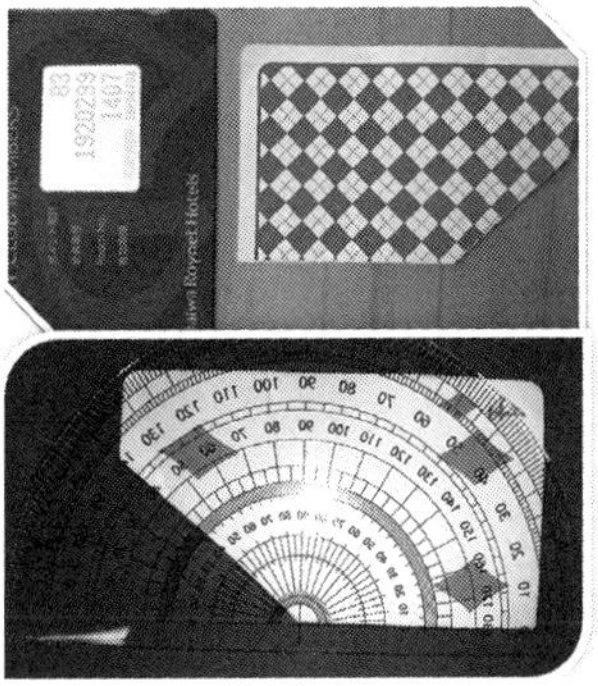

6月11日
那覇のホテル、バスルームに
トランプのカードのメッセージ

正八面体のメ

◆の4が3に

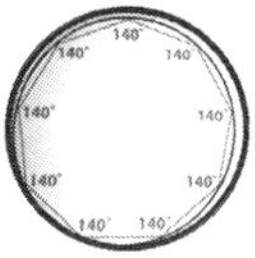

の無人島の上島（かみしま）に精子をいただきに行きなさい」と言うんです。

入口　そのユタさんは、ユタ中のユタと言われているすごい霊力の方だから、これは何かあると思いました。

吉野　２０１６年６月11日、那覇のホテルにチェックインしてきれいにお掃除されている部屋に入ってバスルームのドアをあけたら、角を切られたトランプのカードが１枚落ちていたんです。

それがカタカムナの形、「ダイヤ」の４のカードだったの（カタカムナは正八面体のダイヤの形）。切られて残った部分がちょうど１４０度で、１４０というのはカタカムナそのものという意味なのね。14番のナ。

正八面体の真ん中が四角の形。

どういう意味なんだろうと思ってはっちゃんに相談したよね。

入口　「これはダイヤだから光だね。光の4が3になっているから黄泉の国だ」って言ったんです。

吉野　それを聞いて、無人島の上島は黄泉の国につながっているということだと思ったら、怖くなったんですね。

古事記には、黄泉の国に行ったイザナギは黄泉の国を出るために桃の実を3個投げつけたとあります。

これをカタカムナで読み解くと、桃（もも）とは数霊33の「も」が連続するという意味なので、33を3個投げると、33×3＝99となって、自分が1で100（百＝もも）になって、ようやく外に出られたということを意味していることがわかる。それで、はっちゃんに「どうやったらいいかしら」と相談したら、「今は桃の季節じゃないから月桃の実を持っていきなさい」と言ってくれたのよね。

入口　だから石垣島の私のガーデンで採れた月桃の実をたくさん持たせたんです。

吉野　何かあったら投げつけようと思って、みんなポケットに月桃の実を入れて、6月21日の夏至の日に船をチャーターして6人で上島に行ったんです。

カタカムナが滅びないように守ってくれた神様の名は、瀬織津姫(六甲比命大善神)!!

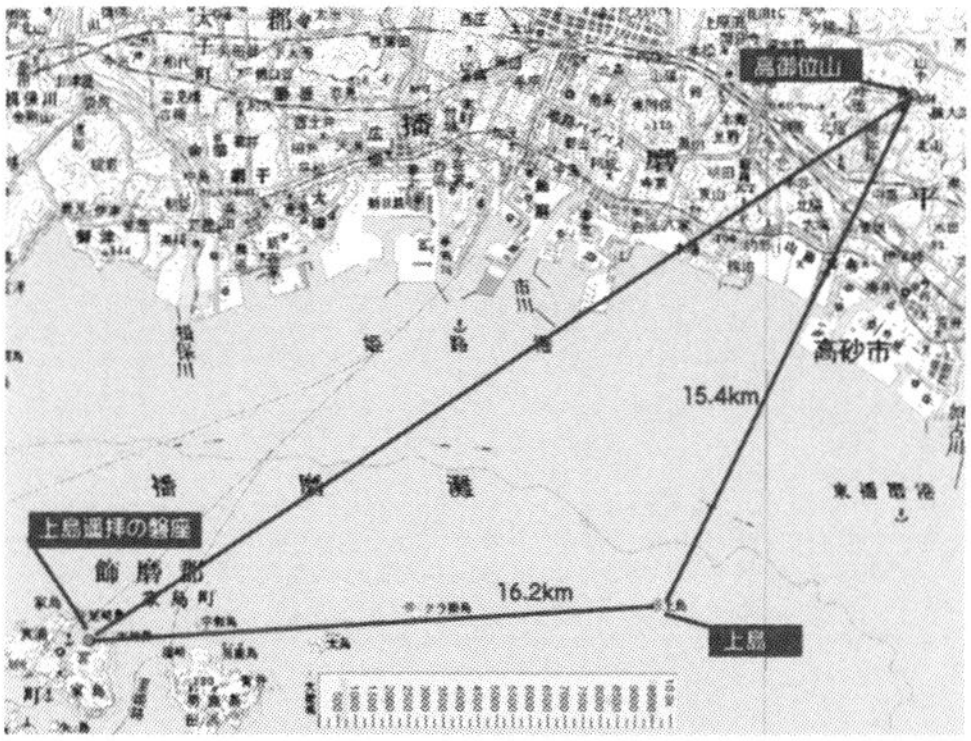

2016年6月21日夏至の日に上島へ

上島は、瀬戸内海にある家島諸島の一番東に位置する無人島(姫路市)

はっちゃんのガーデンで採れた月桃の実(乾燥)をポケットに入れて出発

入口　上島は、出口王仁三郎さんの大本の島でしょう。私は入口だから。

吉野　上島は「出口」になるんだね。本当におもしろい！　それで、石垣島で入口さんから月桃をもらって、出口王仁三郎さんの島に行ったわけね。
　入口から出口で、ここが黄泉の国でというので、はっちゃんは石垣島の於茂登岳に行って祈ってくれたよね。「おもと」と「おおもと」これもつながっている。

入口　だって、生きて帰ってこられるかどうかわからないと言うから、無事に皆さん終わりますようにと、私は水の中に入って山に向かってお祈りしていたら、左足に雷のようにドーンと来たのよ。

吉野　そう、この日は不思議なことがいっぱいあって、島に到着したら出口王仁三郎さんが「ありがとう。よう来たな」と霊体で出てこられた。
　それからちょうど12時に、太陽がすごい照ってるのに、ドーン、ドーンと雷みたいな音が2発、鳴り響いた。

入口　私は石垣島にいるのに、同じ時間に私も感じたの。
　11時過ぎぐらいからお祈りに入っていて、ちょうどそのころ、地鳴りのように下からドーン、ドーンと来たの。

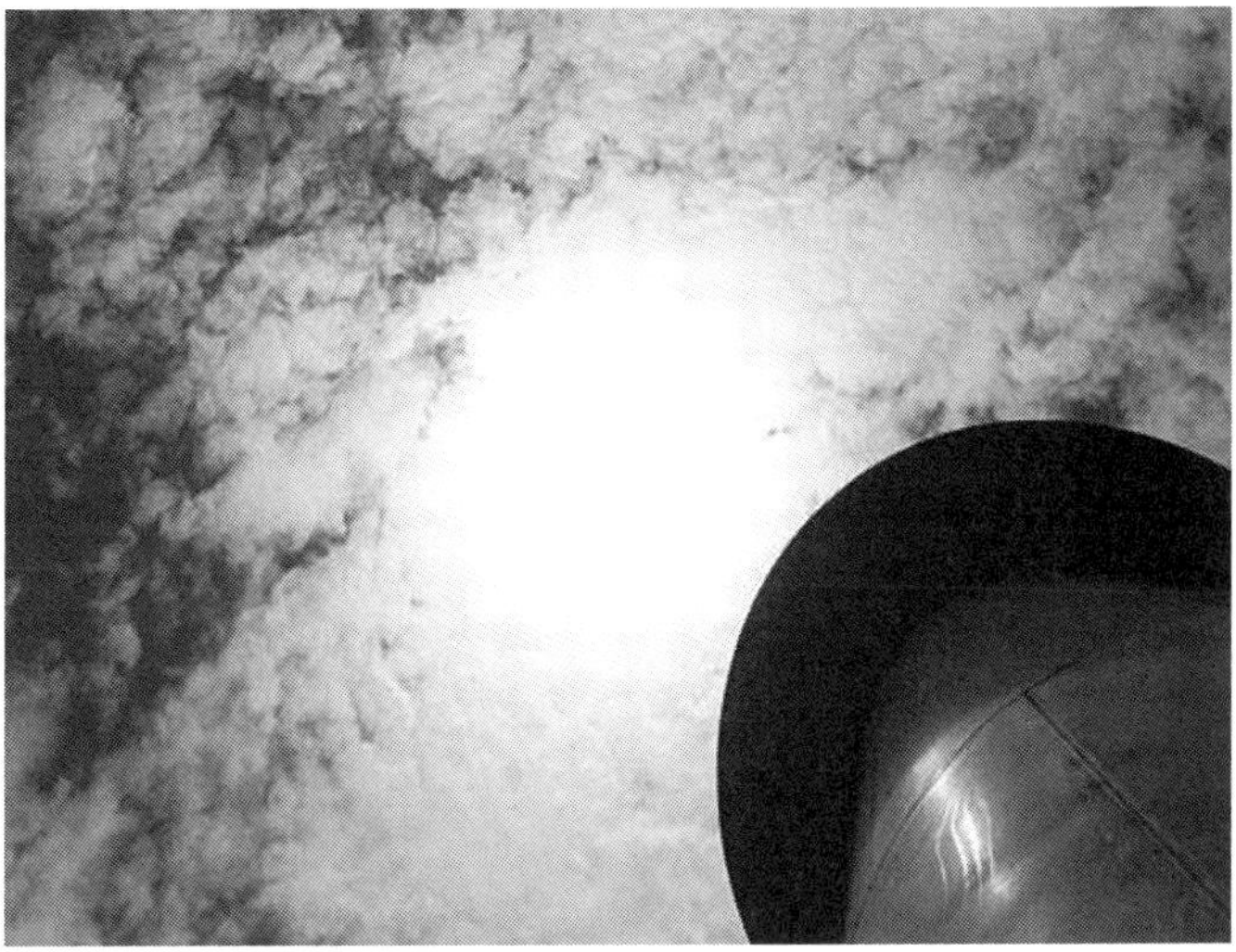

上島にて、夏至の日の12時ちょうど、太陽が中天に昇っている。
晴天にドーン、ドーンと雷鳴?が２発鳴り響く!

同時刻、(入口)はっちゃんは石垣島の於茂登岳へ。
於茂登御主神の隣には大本の文字が。水に入り祈りを捧げる
はっちゃんの足にドーン、ドーンと地鳴りのような衝撃が!!

吉野　こんなことを言うと頭がおかしい人の話みたいに思われるかもしれないけどね。

入口　私は普通ですけど。

吉野　でも、実際のことだから。

入口　これは本当のことです。

吉野　上島のコンクリートには、「4 3（黄泉）」と書いてあった。これが凸と凹（陰陽の形）になっていて、六芒星の六角形の形もある。やっぱりここだったんだって。

島には石神という磐座があって、それが涙を流していたの。

前日まで台風だったから、その雨水が涙になっていたんですね。

それから、上島の海岸で、六甲比命大善神の磐座にお供えされていた精子のような白い玉とよく似た白い石を2個と松ぼっくりを1ついただきました。

そして「上島の神に誓う」という宣誓文を読み上げ、真心からの御心事をしました。

↓横に六角形

←陽凸の形に43

上島の石神

上島の神に誓う

私たちは、日本の上古代に存在したという、日本語の源、「カタカムナ」を学ぶ者たちです。

上島が、貴い宇宙の生命をつなぐ種として、この海に存在してくださった事を知り、心から感謝の思いで一杯です。今日、夏至の日に、上島の神様にご挨拶を申し上げたく、6名で海を渡ってまいりました。

世界各地では、未だ戦争が絶えず、生命の奪い合いが続いています。貴い命が奪われ続け、生きる喜びを味わえない人々が、世界に溢れています。どうかどうか、はるか昔、日本とアジアに存在したという平和の哲学、「生命こそ神、最も尊いもの」とする縄文の価値観を、もう一度、この世界に蘇らせてください。長い間、嘘が当然として横行する世の中でしたが、もうそれは終わりにさせてください。私たちは、「思うことが言葉となる」世の中を創りたいのです。縄文の力強い「愛と叡智」を、どうか私たちにお授けください。そして、その価値観を広める役割を、私たちに担わせてください。生涯をかけて、その使命を遂行いたします。

今日、私たちは、この上島で、日本の上古代に存在した、「カタカムナ」の封印を解きたいと思います。

この上島より、豊かに溢れる命の種の力を、家島、高御座、を経て、平和の女神の御魂である、「つきさかき　いつのみたま　あまさかる　むかつひめ」の御命へとつなげたいのです。どうか、命の統合が滞りなくなされ、新しい「生命の誕生」を迎える事ができますように、上島の神様のお力をおかしくださいと心よりお願い申しあげます。

代表：吉野信子

２０１６年６月21日（夏至の日）

上島の精子で統合の儀式、そして出産!!

吉野　翌月7月7日の七夕の日に、六甲比命大善神で統合の儀式を行いました。

上島からいただいてきた白い石と松ぼっくりを六芒星の上に置いて、瀬織津姫が新しい神を生むための統合の儀式です。

「平和の御子よ、お生まれください。平和の御子よ、お出ましください。平和の御子よ、世界をお包みください」と、とにかく統合してくださいという思いで、下を向いてみんなでずっと繰り返し唱えたんです。

言い疲れて、もう終わりかなと思って、パッと顔を上げたら、松笠にロ－ソクの火が燃え移ったので、慌てて消しに行ったんだけど、アッ、統合したと思った。

それで最後に「出産の儀」を、10月10日にカタカムナ神社と言われる保久良神社の三交岩で行いました。

石垣島の陰陽の文様で有名なミンサー織りの麻と綿の糸をいっぱいもらってきて、仲間たちと徹夜で三ツ編の長いへその緒をつくり、当日、お母さんと子どもの2つ

平和の御子よ＝77×3＝231
お生まれ下さい（107）
お出ましください（78）・
世界をお包みください（256）＝441
総計：672（間の開放）

2016年7月7日、六甲比命大善神にて精子と卵子の統合の儀
祈り終わると同時に上島の松笠に着火

日本武尊・磐長姫出産の儀
2016年10月10日
保久倉神社にて
父：スサノヲ命
母：ムカツ比命
子：日本武（111）
磐長（1・11）
（口絵参照）

の岩をつないだんです。

私たちは産婆さんのような真っ白の服を着て、「ヒーヒーフー」と一緒にかけ声をかけ合って無事出産の儀を終えました。

名前は、その朝、日本武尊（やまとたける）と磐長姫（いわながひめ）が生まれると降りてきたので、「命名　日本武尊　磐長姫」と書いて、産着やお花をお供えしたんです。

そしたら祝福の光が降り注いだので、出産できたとみんなで喜びました。

そして、翌年の２０１７年１月11日、「１１１」の日本晴れの日に、「日本武尊・磐長姫の御柱祭」、柱を立てるという儀式を、全国から約百人集まって伊勢神宮で行いました。

このとき、私の頭上で光が反転を起こして輝いている写真が撮れました（口絵参照）。

その日は、地元の人もあまり見ないそうですが、二見ヶ浦の夫婦岩の間から富士山が見えました。二見ヶ浦の龍宮社は沖縄とつながっているというので、お参りしたんですね。

それから、内宮の磐座で、磐笛奏者の大浦さんという方が竹笛や磐笛の演奏を奉納してくださったんですが、その竹笛は「2011年1月11日にスパッと切り取った竹笛じゃ」とおっしゃったんです。

この日が1月11日だったのね。

また、お能の観世流の方がお弟子さんを連れてお謡を奉納して下さいました。日本武尊をお祀りした白鳥塚古墳で日本武尊の謡も奏上してくださいました。

これらは全部新しい時代の天皇、平和のための御子を生み出す儀式でした。

夕方の4時半ぐらいに全て終わった後、誰かがコンビニで夕刊を買ってきたら「19年元日　新天皇即位」と書いてあって、現実に新天皇が生まれることを知ってみんなびっくりしたんです。

この日は、日本中で祈り合わせの御心事をしてくれたのね。

沖縄本島のミーヌシンでやってくれました。ミーヌシンとはすべてを見通す目の神。ピラミッドに一つ目の「プロビデンスの目」と一緒で、まさにカタカムナそのものなんですね。

宮古島でも御心事をしようと思ったら、私に色々教えてくれていた女性のユタさんが一升瓶を提げてぶらっと来て、正式に御心事をやってくれたの。その日、その

伊勢神宮にて「日本武尊・磐長姫の御柱祭」を行い、宣言文を読み上げる吉野氏。
「日本武尊、磐長姫の御霊と一人一人の太陽神が一つとなり、富士の仕組みを今から始動させます」

2011年1月11日に切り取った竹笛と磐笛を奏上し、内宮磐座を呼び覚ます磐笛奏者の大浦勝関氏

那覇市の自衛隊基地内部にある
「ミーヌシン」拝殿

ミーヌ神＝目霊（瞳の神）＝
スサノヲ命

時間に御心事があるというのは全然知らなかったそうだけど、本当にビックリ！　九州の芦屋町の洞山でも平和の祈りをしてくれました。この芦屋もカタカムナと関係が深いところなんですね。

そして熊本の四王子神社、北海道神宮でも祈願してくれました。

この日はどこも、太陽の光だらけ。月もすばらしい満月だった。まさに日月神示の「富士は晴れたり、日本晴れ！」の一日でしたね。

これらの一連の御心事は、アマテラスの太陽の柱を立てるためでした。

そしたら、翌日の新聞に、『岡山県津山市で珍しい自然現象である「太陽柱」が立った』という記事が載っていたんです。

瀬織津姫と天照大御神、高天原を読み解く

吉野　実はこの「日本武尊　磐長姫」という平和の御子の誕生には、石垣島と宮古島、そしてはっちゃんが大きく関わっているんです。

はっちゃんの力を借りて、瀬織津姫の封印を解くことができたんですね。この話

を詳しくしていくね。

数霊で「セヲリツヒメ」※を読み解くと「36＋41＋8＋44＋11＝１４０」で、「カタカムナそのもの」となるんです。

古事記に出てくる高天原の機織り小屋の機織り女は、スサノヲが馬の尻の皮を剥いで機織り小屋に投げ入れたために、ビックリして機織りの梭（ヒ）で、自分のホト（女陰）を刺して亡くなったと書いてあります。そのスサノヲの乱暴行為を怒って、天照大御神は岩戸に隠れた、ということになっています。

機織り女の死が岩戸隠れの直接の原因になったと言われていますが、その機織り女が瀬織津姫だと、私はずっと言っているんですね。

機織り女と天照大御神は荒魂と和魂の関係で、同一神です。

「馬の尻の皮を剥いで、小屋に投げ入れた」とは、女性器と男性器が統合して、という意味で、「杼（ひ）がホトに刺さって死んだ」とは、スサノヲとセヲリツ姫が結ばれたということを表しているんです。

スサノヲと天照大御神が誓約で結ばれて宗像三女神を産んでいるんだけど、そのことと同じなのね。

スサノヲと天照が直系の子孫を産んだということです。

私が石垣島にセミナーで行ったときにびっくりしたのは、会場が機織り部屋だったこと。

入口　そうでした。私が主催して、カタカムナセミナーをのぶちゃんにやってもらったんだけど、会場にはどーんとミンサー織りの機織り機があったね。

吉野　ミンサー織りの模様は、5(イ)と4(ヨ)で「陰陽」で、高天原の太陽のことを表しているんです。

その「機織り部屋」でカタカムナを伝えたということが本当に不思議だったよ。

※セヲリツヒメ
カタカムナでは、セヲリツヒメとスサノヲの結びつきを重視しているので、スサノヲの「ヲ」を使用して「セヲリツヒメ」と書いています。「スサノヲと結ばれた」という意味を持っています。(吉野)

セヲリツヒメとは…

スサノヲと結ばれて、岩戸隠れした
（子である太陽神を子宮に身ごもった）

→瀬織津姫（生命＝天照を生み出す「聖杯」）

セヲリツヒメ
36＋41＋8＋44＋11＝140

子宮の押し出す力⇒push力

セヲリツヒメ［引き受ける、奥深くから出現するモノを
離すために（力を）集める姫］

羊水の流れ、滝、速い瀬の水の流れる力のこと

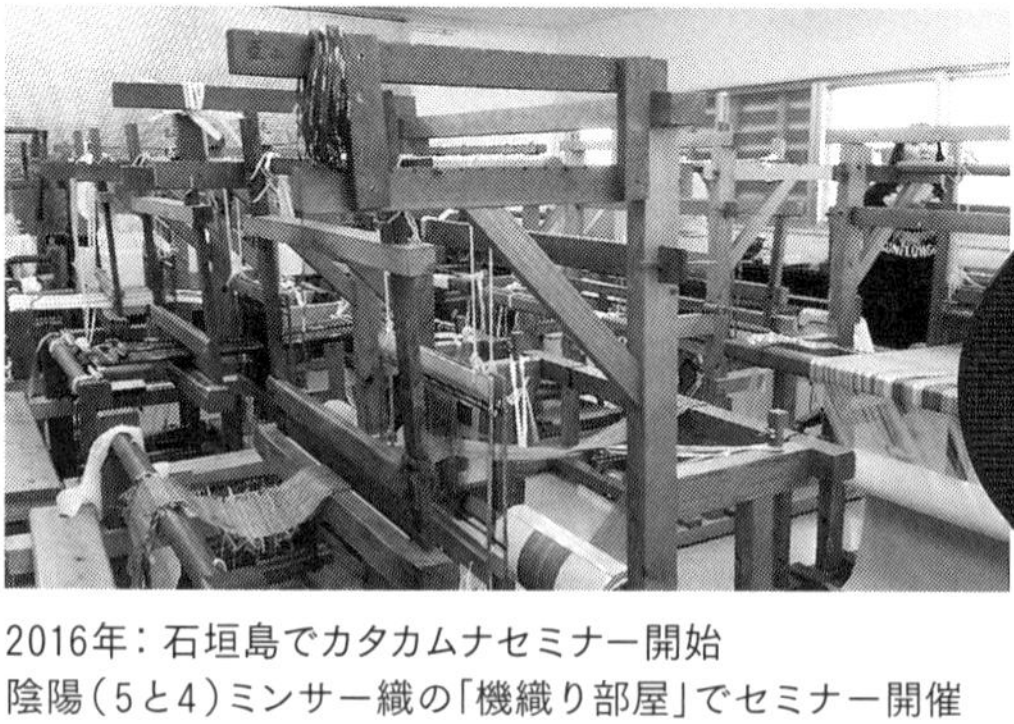

ミンサー織り

2016年：石垣島でカタカムナセミナー開始
陰陽（5と4）ミンサー織の「機織り部屋」でセミナー開催

Chapter 3

宮古島はムー大陸の首都で石垣島は鍵の形をしている!?

石垣島と宮古島の間に封印された壁がある!?

吉野　それから、石垣島は鍵の形をしているんです。

鍵があるというのは、鍵穴があってドアが閉まっているということです。

石垣島と宮古島の間に封印されている何かの壁があるので、そこをあけると日本がつながるよと、私が言ったのね。石垣島は、そういう役割があるというのを、鍵の形で示している。

宮古島と石垣島は歴史的にも、精神的にも断絶があるけれども、物質的にも何か壁があるよと言っていたら、はっちゃんが、「黒潮の壁が石垣島と宮古島を分断しているという記事が新聞に載っているよ」と電話で教えてくれたの。

海の中に黒潮という巨大な川があって、それが大きな壁になって両岸を分断しているので、サンゴも、石垣島と宮古島ではDNAが全く違う。

入口　言葉も違うし、性質も違う。

吉野　という新聞記事が、この後、数日で出たの。

入口　いろんなのが、すぐ出てくる。

吉野　それで、やっぱり宮古島とつながないといけないと言っていて、はっちゃんのご縁で宮古島にもカタカムナを伝えに行くんだけど、なぜか知らないけど、あそこは単発で長く続かなかったのね。

入口　私は両親が宮古島の出身だから、宮古の人を知っているの。

私の場合はカタカムナの世界を命をかけて見てきているから、同じように動けるというところがあるけど、3次元の中にいるときは、ちょっと実体もなくそこまで必要性を感じないということがあるのかもしれない。

吉野　必ずつながると思う。宮古島は、たぶんムー大陸の首都だったの。

平和の御子の出産の儀をする直前の2016年9月30日から、セミナーのために石垣島に入りました。

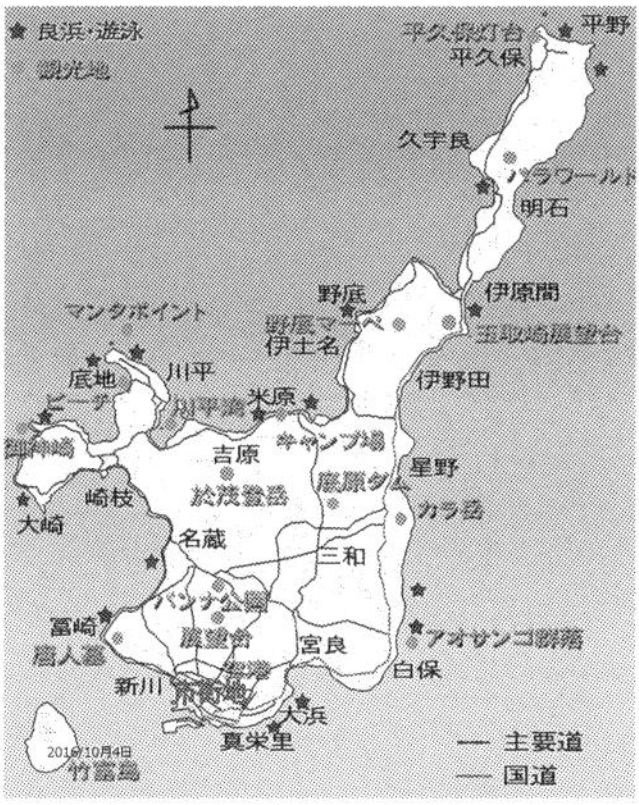

石垣島へ：

2016年9月30日～10月4日

宮古島・大神島へ：

2016年10月26日

・石垣島の鍵の形は、封印された大きな扉を、ここから開けるコトが出来るという意味！

・宮古島と石垣島の間に大きな天空まで届く壁がある！

石垣島は鍵の形！

記者席

南北を分断する黒潮

▽…南から北へ生物を運ぶと思われてきた黒潮が実は違った。国立研究開発法人水産研究・教育機構が台湾、琉球列島、本州付近までの海域に生息する造礁サンゴ集団の遺伝的関係を解析したところ、黒潮が集団間の移動を阻んでいることが示唆されたのだ。海の中に黒潮という巨大な川があり、それが大きな壁になって両岸を分断しているというから驚きだ。

▽…八重山福祉事務所の配偶者暴力相談支援センターが受け付けているDVの相談件数が2012年度以降、延べ300件台で推移している。昨年度は341件に上り、単純に計算しても1日に約1件の割合で相談があったことに。同事務所福祉班の松本一班長によると、那覇、浦添、沖縄の3市には母子寮と呼ばれる施設があるが、石垣市にはまだない。支援の新たな形として検討する余地はありそうだ。

▽…先日、行きつけの店が観光客で満席となり、他店を求めて中心市街地をさまよった。7月の八重山入域観光客数は前年同月と比べて1943人減の10万5404人だが、1～7月期の入域観光客数は70万6014人で過去最高のペースだ。新空港開港後、夏場は特に飲食店が混雑して入りづらい。だが、そのおかげで普段立ち寄らなかった店に出会えることもある。今ではそこが行きつけだ。

沖縄のサンゴ 南半球に同集団

台湾、本州と遺伝的違い

黒潮の〝壁〟が分断

水産研究機構発表

環境変動予測へ重要知見に

そして、ここに鍵を開けなければいけない壁があるということは、ここに封印された日本列島に入るべきもの、石垣島に封印された神がいるんじゃないのと思って調べてもらったのね。

そしたら、島の方が、「そう言えば、大浜にイリキヤアマリという裸の女神が封印されているという話を聞いたことがある」と言ったの。

入口　大浜海岸に、誰が書いたかわからないけど、「話せる世がほしい　昔の人は願っていた　だが戦争はどこかで続いている　話さなくても（思いで）平和になる世界を願う」と書いてあって、実は、この付近に隠された神がいたのね。

吉野　大浜海岸には、二人の兄弟が玉手箱を持ってたどり着いたという神話があって、その玉手箱から出てきたのがイリキヤアマリという女性神だという話が伝わっているそうなんです。

入口　そういうふうに言われて、すぐ詳しい人に調べてもらったら、お墓は実はここではなくて、本当は、あるウタキ（御嶽）の奥にあって、なぜか2つに分かれていて、片一方のほうでお祈りするというんです。

私は弟を二人亡くしていて、最初に弟が亡くなったときから祈りの世界に入って

石垣島の昔の神！イリキヤアマリ神とは

【石垣島の昔話・神話－イリキヤアマリ神・火食の神】

オヤケアカハチ以前に昔から信仰されていた神で、琉球王府がそのイリキヤアマリ神の信仰を禁止しようとしたため、オヤケアカハチはそれに怒って反乱したともあります。

島の住民に火の扱い方や、火を使って食べ物を焼いたり煮たりして食べる事などをおしえた神。いわゆる世界各地にある自然への信仰・原始宗教的なものだと思います。
イリキヤアマリの神行事は、女性が中心。神前にご馳走を捧げ、願い事が終わると司たちは裸になり榊をもって、神歌を歌いながら踊り狂っていたそうで、それが禁止の原因とも言われています。

長い間の平和の祈りが形（平＋和）となった石垣島の大浜海岸
「話せる世がほしい　昔の人は願っていた　だが戦争はどこかで続いている
話さなくても（思いで）平和になる世界を願う」

いって、そういうことが起きないようにと、沖縄本島も宮古も全部回って何十年と拝みをしていたけど、もう一人の弟が職場の事故で亡くなったのを機に、沖縄のウタキの祈りを全部やめたわけ。

そこが何なのかも幼いころからの体験と経験で知っているのでウタキには行かないのですが、お願いされたのでこのときばかりは行きました。

吉野　私はセミナーが終わったらすぐに飛行機で発ったから、はっちゃんに10月10日の出産の儀の日にやってねと頼んだのね。

入口　平和の御子を出すためにはこれをやらないといけないと思ったから、その前にご挨拶だけやってこようと思って10月6日の朝にパッと行って、「10日に来させてもらうので、よろしくお願いいたします」と言ってお願いしたわけよ。

お願いして帰ろうとしたら、8時半か9時ぐらいだったかな、信号が全部消えていて、クルマがすごい並んでいるの。

なんだろうと思ったら、離島まで全島停電になっていたんですよ。

雷が落ちたという新聞報道だったんですが、落ちてないの。

だって、天気がよかったもの。

Chapter 4

八重山全島の3時間停電は、女神イリキヤアマリを降臨させるため!?

吉野　私は雷だと思っていた。

入口　報道では雷だったんですよ。

吉野　「石垣島の発電所に落雷か」と、新聞に書いてあった。

入口　お昼配信で、午前9時ごろ起きた。

おかしいのは、お天気もよくて何にもないときに停電になって、すぐ終わるだろうと思ったら、何と、波照間島（はてるま）まで停電。

吉野　八重山全島が3時間停電したんだよね。

入口　これはあり得ないことで、知り合いの人から「はっちゃん、何かやった？」と電話がかかってきた（笑）。波照間島の人も、神事的（かみごと）なことを感じて、これは違うというのがわかったって。私は何の悪気もなかったのよ。ウタキに行くのは弟が亡くなって以来数十年ぶりで、「こういう事情で10日に行くのでお願いします」と言ったら、全島停電になった。

台風でさえも全島停電になったことがないから、みんな、これはおかしい。しかも、長いと。

復旧のおもしろさは、第1発電所と第2発電所とあって、新しい第2発電所で運転していたのに、何と、3時間後に、古い第1発電所から電気を出してきたんです。だから、今まで封印していた古いものが出るなと思った。

吉野　しかも、石垣島には日本最古の2万年前の遺跡があって、そこから上古代のカタカムナ時代の人骨がいっぱい出たのよね。

そこに雷が落ちたと言われていると知って、これは開いたと私は思ったんです。

私はまだこのときイリキヤアマリという女神を呼び出す意味がわかってなくて、帰ってからはっちゃんに電話して「イリキヤアマリって、どんな漢字を書くの」と訊いたら、『伊里機屋安真理』と書いて、これは火食の神と言われているんだよ」って。それでびっくりしたんです。

2万戸で約3時間停電

盛山付近に落雷

市民生活や経済活動を直撃

総合体育館が停電被害

復旧のめど立たず 一時利用停止へ

事故機飛行再開で抗議

米海兵隊に安慶田副知事

沖縄・石垣島で発電所に落雷か、大規模停電　復旧のめど立たず
TBS系（JNN）2016年10月6日（木）12時22分配信

6日午前9時5分ごろ、沖縄県の石垣島で発電所に雷が落ち、八重山地方全域で大規模な停電が発生しています。

そこには2万年前の人々の暮らしがあった

石垣島と沖縄
見つける旅へ

7万年前の地層から時代がわかる

旧石器時代人は海産物を食べていない?

新空港脇に残された貴重な洞穴

白保竿根田原洞穴遺跡（石垣市）

国内最古：石垣島に2万年前の遺跡——
6000片以上の人骨発掘：旧石器人は海産物を食べていない?
DNA＝M7：縄文時代から日本にいた基礎集団

「古事記」で、イは「伊」で、「伊」というのは片仮名のイとヨとノ、「陰陽の」と読める。

伊勢もそうなんだけど、太陽神のことを「伊」というんですよ。

これはアマテラスのことね。

リは「里」で、アマテラスの里というのは高天原のこと。

キヤは「機屋」で、機織り小屋。

アは「安」で、ウと女で「産む女」。

マは「真（まこと）」のリは「理（ことわり）」。

私がスサノヲと結ばれた瀬織津姫（アマテラスの荒魂）のことを指していると言った、陰陽の高天原の機織り小屋で産む女の真の理。

それを私は瀬織津姫と読み解いて、授業でもみんなにずっと教えてきたから、これがイリキヤアマリだったというのがわかったんです。

それが分断されて日本列島に入ってこられない。

石垣島に封印されていたのをはっちゃんが開放してくれたというのがわかった。

これは火食の神様だから、食べ物と火の神様だよと、みんな言っているけど、実

「イリキヤアマリ」瑠璃：作

イリキヤアマリは
天の川から来たりて
地球を護る織り姫神
瀬織津姫だった！

伊（陰陽の）
里（高天原）
機屋（織り小屋）
安（ウ＋女）
真（まこと）の
理（ことわり）
（王の里＝陽聖杯）

伊里機屋　安真理
火食の神＝水の神

は違って、「火を食べるのは水の神だよ、だから瀬織津姫だよ」と私は言ったんです。

高天原の機織り小屋というのは、天の川の織り姫のことなんですよ。

宇宙の生命エネルギーが地球に入ってきている。

それが聖杯となって地球神と統合して命を地球に生み出したという意味なので、地球の周りを龍の形で言霊を出しながら回っていて、私たちを守ってくれている、外国で言うと聖母マリアなんだよというふうに言ったのね。

入口　瀬織津姫が水の神で、イリキヤアマリと同じものということね。

吉野　イリキヤアマリは瀬織津姫なんです。

でも、瀬織津姫というのは、名前をいっぱい変えられて、封印されて隠されている。

Chapter 5
イリキヤアマリ＝瀬織津姫のエネルギーとは!?

瀬織津姫の本名は、ツキサカキイツノミタマアマサカルムカツヒメ!

吉野　瀬織津姫の本名は「撞賢木厳之御霊天疎向津媛命」、つまりツキサカキイツノミタマアマサカルムカツヒメと読み、「ムカツヒメ」というのが六甲比命大善神なのね。

西宮にある廣田神社は、戦前まで瀬織津姫を主祭神と言っていたんだけど、今は消されています。

でも、これが瀬織津姫なのは間違いない。

カタカムナ神の宗像三女神の市杵島姫（いちきしまひめ）が、七夕の織り姫なの。

「撞賢木厳之御霊天疎向津媛命」について詳しく説明するね（79P参照）。

アマという天の川の宇宙のエネルギーが重力とともに入ってくるんですよ。

そしたら、膜が聖杯の形になる。

「撞（ツキ）」というのは鐘を撞く。

「賢木（サカキ）」というのは生命の木で、逆さまの木と言うんですよ。

わからないように、全部字を変えている。

「撞賢木（ツキサカキ）」というのは、地球の中心の核に向けて逆さまにエネルギー（光）が左巻きに入っていくということなんです。

これはブラックホールのことで、地球の中に生命エネルギーが入っていくんです。

「厳之御霊（イツノミタマ）」というのは、エネルギーが地球の核に向かって入ってくると、反対側のエネルギーが鏡の動きをして、内から外に向かって渦が逆渦（右巻き）に入って真ん中で交わっていくんですね。つながってから、もっともっと交わり重なってできるその核の部分をカタカムナというんですよ。

命の核。2つが統合したマというフトマニになって、ここはねじれねじれて重なっているので、「厳しい御霊」になるんですね。

そして、五の玉。六芒星が聖杯で、五になると穴があいて命が生まれる。

これを「厳之御霊」というんですよ。

入口　馴染みのない漢字の名前がついているから難しい〜って感じるけど、これは、私たちの命のシステムをエネルギー的に説明しているってことだよね。

吉野　そう、その通り。すべてはエネルギーで、渦を巻いて動いているんですね。

これは、マカバのことを説明しているの。

下向きの三角と上向きの三角が重なってくると六芒星になるんですね。

三角が回転するとイエス、もう一つの三角が反対回りに回転してキリスで、これが統合しているのがイエスキリストという意味なの（81P参照）。

ところが、スとスが一緒になっているから、逆回りして重なったときに振動数が一緒になるのでつながるんですよ。

そうすると、六芒星が五芒星になって、「厳之御霊（五の御魂）」になる。

五芒星というのは一筆書きできるから、回ると輪になり、穴になる。

すると、命が出てくるというシステムなんですね。

その命の中に入っているのが太陽神（ラー神）。

だから「今」という漢字の中には「ラ」という字が入っている。

これが「中今」という意味になる。

この御名のすべての数霊が441で、イエスキリストが144なので、反転して、イエスキリストが出てくるという意味になるんです。

それを生み出した聖母なのね。

イエスというのは、神が指定した「心」という意味の名前なんです。神の世界に国境はないし、宗派もない。

「天疎（アマサカル）」というのは、疎くなる、遠ざかるという意味だから、アマという次元からだんだん中に入って一番遠ざかっているのが球の中心になる。

そうすると、核の中心にエネルギーの渦がねじれながら向かってきて、艮（ウシトラ）の金神がビューンと出てきて生命エネルギーになるんです。

「向津媛」というのは、それが核の子宮の中に向かって集まってくる働きのこと、つまり生命を産み出す母で、それが瀬織津姫であり、イリキヤアマリであり、封印されている女神なんです。

はっちゃんが、それを開放した。

星形八面体＝マカバ

撞賢木厳之御魂
（つきさかきいつのみたま）
→ラ神＝天照大御神誕生

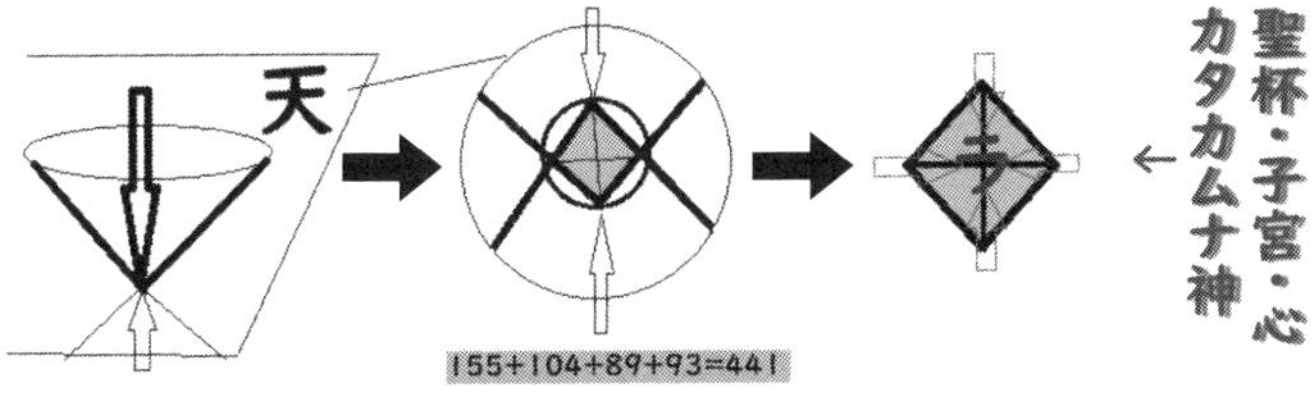

❶撞賢木
重力＋榊＝逆木
（ブラックホール）

❷厳之御魂
圧力が極限に達する
（厳しい玉）
いつ＝五の玉

❸天疎 向津媛
天から疎く（遠く）なる
＝球の中心
向かい集まるエネルギーを
秘めた女性

カタカムナで紐解く生命の核
～回転するマカバ＝私のココロ

❶ △イエス、▼キリスの2つの△▼が統合（ト（＋）＝綴じ）して六芒星（＝ココロ＝あなたと私）となっています。回り出すと「スとス（スズ）」が共振してつながり、五芒星になります。五芒星は一筆書きができてつながっています。

❷ 五芒星は一筆書きできるので、広がると輪になりますね！

「イマトハヒトワ」です。

このイマが5・6（＝五芒星と六芒星）で、「回転するマカバ＝私のココロ」です。

名前は「イエスキリスト」と言います。
心から出る声を「48音＝ヨハネ」といい、日本語です。
逆回りするので引き算すると、イエス（69）ーキリス（58）＝11（イマ＝5・6）になります！　六芒星の（ト＝十）の17を足すと28（サ）＝神ですね！

❸ すると、先ほど△と▼が綴じていた「十＝ト＝閉じる」はなくなり、「イエスキリイとつながって、回ると一つの輪○になり、中の生命エネルギー（つながったもう一つのスのエネルギー＝21→3は1・1・1の振動となって開放されます。イエスキリイの合計数は111。イエスキリストの「144」との差は「33」で33が出てきます！

これが、スサノヲ（私自身）が三女神（111）のエネルギーを持って出てくる意味です。「ヲ～」

［吉野信子］

私のココロの名前は「イエスキリスト」

イエスキリスト 144

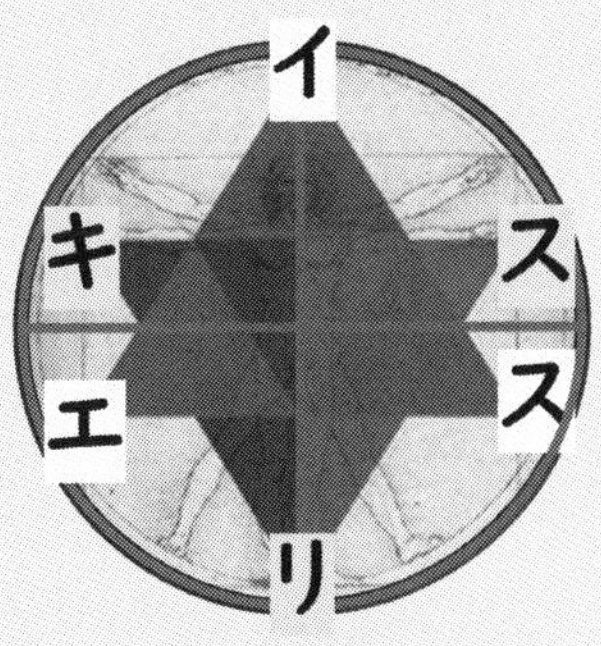

144 − 111 ＝ 33 が出る

イエスキリイ 111

吉野　さっき見せた不思議な写真で、オーブで描かれた「ＯＲＩＮ」の写真があったでしょ（口絵参照）。
実は、写真が撮れたときにはわかってなかったんだけど、あのメッセージの謎を解く鍵が、今の話にあることが、後になってわかったの。

入口　へぇ！「ＯＲＩＮ」のメッセージと、六芒星と五芒星？

吉野　そう。
オーブで描かれた「ＯＲＩＮ」とは、「御鈴」のことで、「心」には名前があって「イエスキリスト」と言うと読み解ける。
名前の2つのスとスがマカバの逆回転で触れ合うときに「スズ＝鈴」の音が鳴って、振動が同じなので合体し、穴が空いて根源とつながるの。
なので、神道でもまずは鈴を鳴らすんですね。

入口　そうか、だからやっぱり音が根源とつなぐ鍵を握っている。

吉野　その根源とつながる穴を開ける神を、スの神（スサノヲ）と言うんだとわかった。

日月神示にでてくる「スの神」はこのことを言っているんですね。

だから、イエスのことをラテン語とギリシャ語で「イエズス」と言って、今でも「イエズス会」ってあるよね！

入口　イエズス会……ズスだから、反転してるね。

吉野　そうなの。

濁音と清音は反対方向にすすむから、2つの三角形のスは、スとズになる。

日本とは「ヒの本＝根源」という意味だから、内側から回転を見るとそれは「スズ」となり、外国は外の国だから、外側から回転を見ると「ズス」となるんだよね。

内と外の境界線で鏡合せの反転が起きてる。

日本語でしか読み解けない仕組み、スゴいとしか思えない！

入口　おもしろいね～！

Chapter 6

生命は回転する球体エネルギー!?
勾玉(369)の真理とは!?

隼人の盾はカタカムナ、そして八重山の八重(ハエ)から隼人へ

吉野　ある人から鹿児島県の根占町(ねじめ)(現・南大隅町北部)の郷土史を見せてもらったら『沖縄県八重山諸島に住む海人(あま)は、もともと「ハエアマ」と言われていて、「隼人(はやと)」と呼ばれていた』と書かれていたの。つまり鹿児島県の隼人は石垣島の八重山諸島から来たと言っている。

入口　宮古は違うと思うけど、八重山の人が隼人になっている。

吉野　御先祖がそっちに移住して行ったのね。

彼らのモチーフは「隼人の盾」で、彼らは平城京で天皇の警護に当たっていたので、奈良に行くと「隼人の盾」のグッズがたくさんあります。

「隼人の盾」の逆渦の形は、一体何を表しているんだろうと考えてたんだけど、ある日、リンゴの皮を最後まで切らずに上手に剝いてテーブルに広げてみたら、その形は「9」と「6」をつなげた形になったの。

それが隼人の盾の形と同じだったのね。

隼人の盾ってリンゴの形を表していた？　とビックリして、さらに深くどういうことなのか考えてみました。つまりリンゴのような球体とは、「右回りと左回りの渦がつながった形」だっていうことがわかる。

入口　そうか、地球も球だし、北半球と南半球では水の渦は逆だね。それから、台風の渦も逆だ。

吉野　そう、それを表しているのが「隼人の盾」の形なの。

形でいうと、9と6でしょ。96。

これをカタカムナで紐解くと「96」の数霊を持っている大事な言葉に「天皇」がある。

入口　数霊が同じなら、もっている本質も同じ。

吉野　つまり、「隼人の盾」と「天皇制」の本質は同じってことなのね。

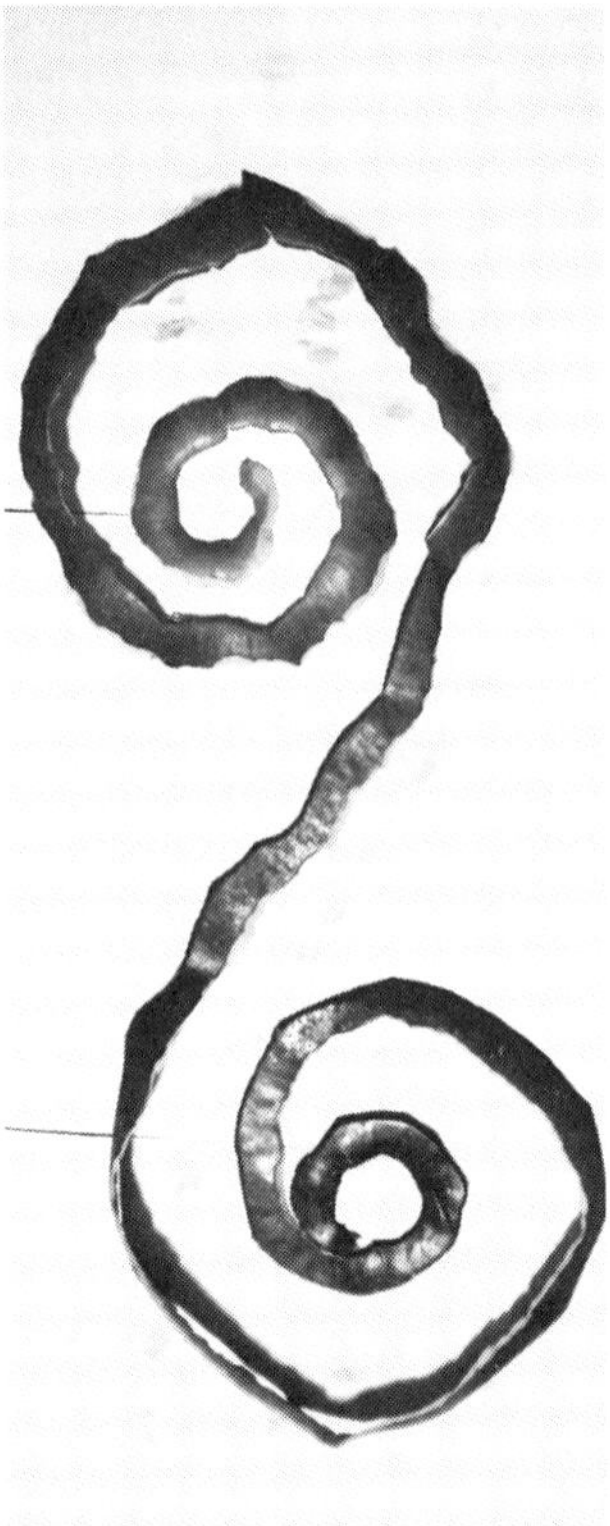
リンゴの皮

隼人の盾

「9」と「6」を繋いだ渦

だから、天皇制が始まった平城京でたくさん隼人の盾がでてくる。隼人は天皇の側近として、重要な宮中の儀式などでこの隼人の盾を持って舞っていた(隼人舞い)。この「盾を持って舞う」という意味は、「球体を回転させる」という意味をもつんですね。

9と6はひっくり返ったら同じ形でしょ。

今度は、9の0の形の部分と、6の0の形の部分を後ろに反転して重ねてみると、そこはリンゴの芯になる。2つの0(ゼロ)が重なり、その中にはお互いの差「プラス3とマイナス3」が重なって「0」になってる。

そのリンゴの芯を、天皇が座る高御座というの。高御座の数霊も「96」。9にマイナス3、6にプラス3が同時に動くと「9は6に、6は9」のポジションに動くので球体は回り出す。

こうしてすべての球体エネルギーは回転しているんですね。

9と6は、空と無でしょ。これが般若心経の空と無で、球体の内と外という意味なんですよ。空と無がひっくり返って、空が無になり無は空になって反転しているんです。

3が動くことで6と9が回転する球体システムを「369（ミロク）」と言うんだと思う。

巴紋はこのエネルギーを表したものなのね。

つまり隼人の盾、天皇制とは「球体の真理」を表しているんです。

巴紋は天皇家の三種神器の一つ「勾玉」を表しているのね。

「勾玉」の漢字をよく見ると、カタカナの「ク＝9」と、その中に「ム＝6」が入っているのがわかる？

――ほんとだ。わかります。

入口 これは、形霊の読み解きです。破字と言って漢字の形を分解して、紐解いていく。

吉野 形霊で勾玉を紐解くと、「その9と6が玉である」という意味になるのね。

でも「6」は形が「ム＝無」でエネルギーなので見えないけど、その形は玉＝球体だ、と言ってる。これを他の形で表すと陰陽になるよ。（陰は「カゲ」だから半分は実体がない）

だから本当はいつも勾玉は一つしかないんです。でも回り出すと玉になる。

隼人の盾は「生命球体の真理」＝天皇制を表している!

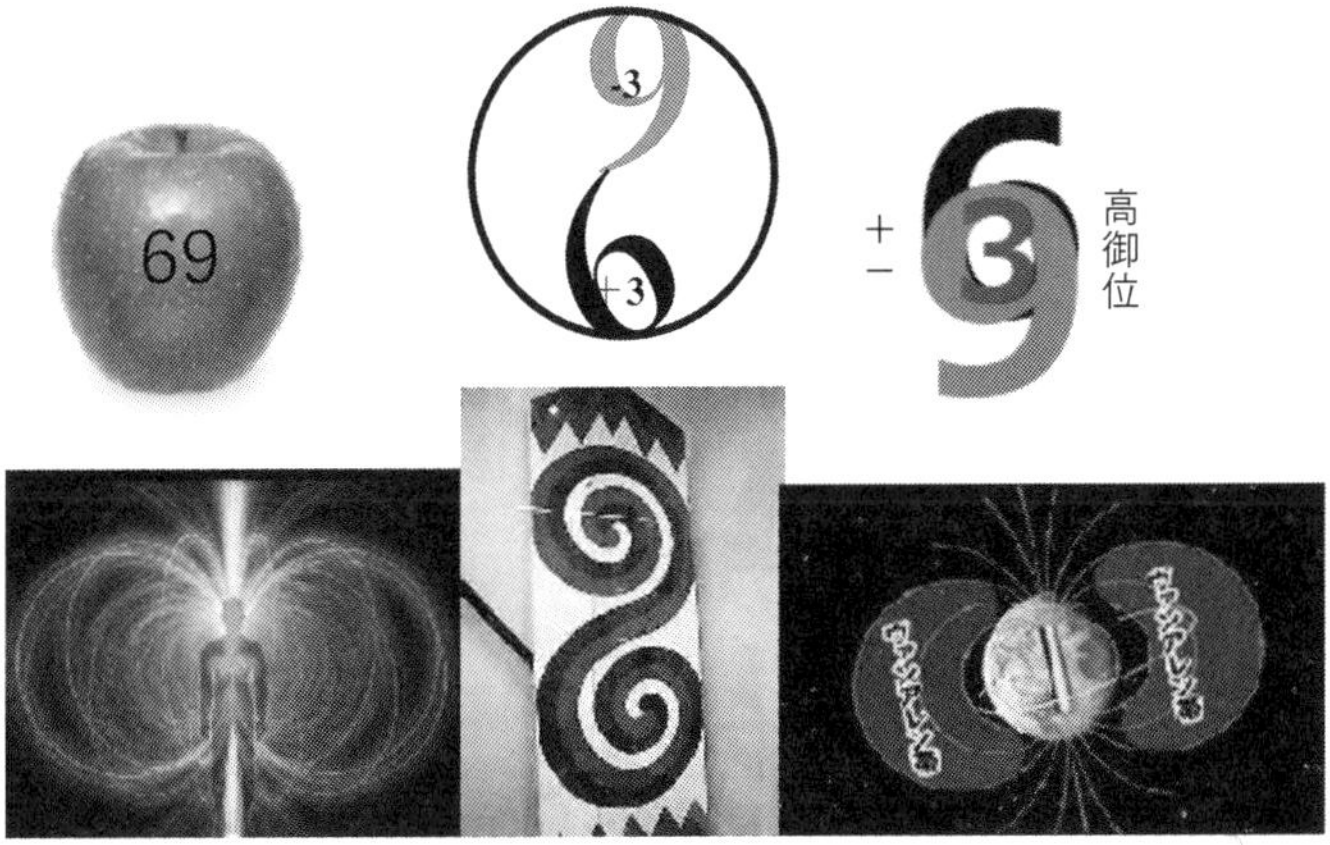

球体エネルギーの動き＝隼人の盾

- すべての生命体や地球の周りには、生命場というエネルギー場があり、それは球体のリンゴの形をしている
- リンゴの芯に当たるところ(2つの逆渦をつないだ中心)が、生命体の核＝心臓部で、天皇が座る「高御座(たかみくら)」と言い「±3」がある
- この「9」と「6」をつないだ渦を「勾玉」という。「勾玉」を破字で読み解くと、「ク＝9」の中に「ム＝6」がある「玉＝球」となり、「隼人の盾(9＋6)」は「勾玉」を表していることがわかる
  ちなみに「天皇」も「高御座」も数霊は「96」になる
- 勾玉の数霊は13(ム＝十の実体)で、カタカムナの⊕又は隼人の根拠地、島津藩の紋章と同じになる

陰という見えない半分を感じて玉だよって言ってるのよ。わかる？

――なるほど。深いです。

吉野　この6と9の間をマイナス3とプラス3が同時に動いて、勾玉がクルクルクルクル回転し出す。これが勾玉の極意で「ミスマルノタマ」といいます。回りて巡って循環していく（時空間を持った）球ということで、これが全ての命の秘密なんですね。

薩摩の紋章「丸に十」は、カタカムナでは「全ては統合している」となる!?

入口　薩摩は鹿児島ですよね。薩摩の紋章が丸に十。

吉野　うん。薩摩の紋章の丸に十は、カタカムナでは、「全ては統合している、1つだ」という意味なんです。

陰陽は球体だから、その形を球体で創ってみると、テニスボールや野球ボールと同じで、次ページの写真のようになります。

陰陽球体

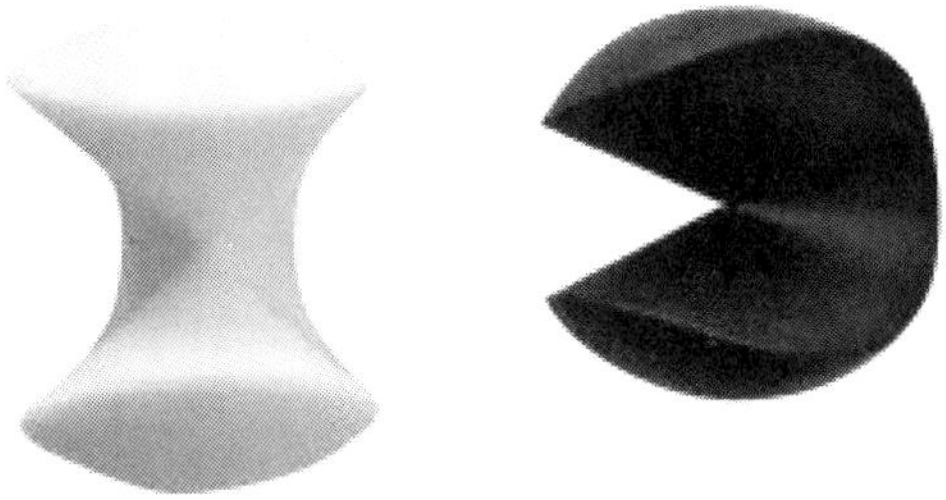

陰陽を分解した構造

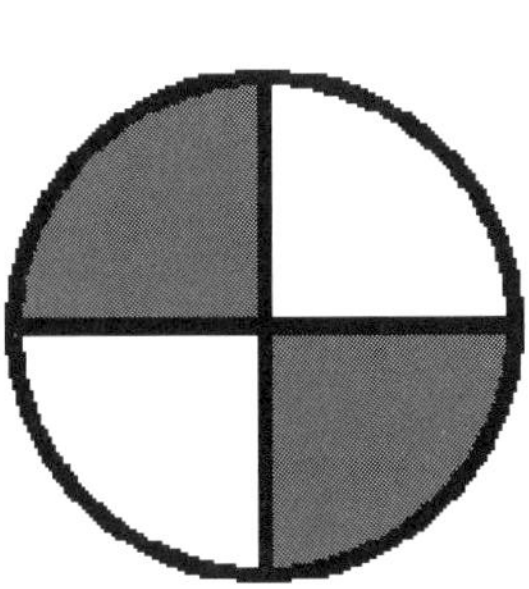

組み合わせた中身の構造は⊕

これを分解すると、2つの砂時計のような形になるよね。

そして、これをもう一度球に組み合わせて、内部構造を描いてみると、⊕になるんです。

⊕は「まるじゅう」と読んでカタカムナの紋章です。だから、勾玉や隼人の盾は⊕のカタカムナの形を表していると言えるのね。

そしてはっちゃんが言うように、隼人の国である薩摩の島津家の紋章が⊕になったのも偶然じゃないと思う。

彼らは関東から来た人たちだけど、隼人たちとつながっていた。そしてその隼人たちは、はっちゃんの住んでいる石垣島の八重山諸島から来た人たちだった。

だからカタカムナ⊕を研究している私と石垣島のエネルギーを体現しているはっちゃんが出会って、色んな不思議なことが起きたんだね。

命と祈りの場／琉球はムー大陸の中心、龍宮!?

入口　かつて、宮古・八重山には人頭税というのがあって、薩摩にすごく苦しめられているんですよ。

でも最近おもしろいと思ったのは、この間、岐阜に行ったときに、岐阜の人は鹿児島ナンバーのクルマは絶対に追い越さないと言うの。

吉野　そう岐阜の人は、助けてくれた隼人に絶対に足を向けて寝られないって。

昔、隼人の人たちが、治水工事をして水害を防いでくれたからなの。

入口　治水工事のためのお金がどこから来たかというと、実は人頭税だったというのがわかったんですよ。

私たちのご先祖様は苦しんでいたんだけどね。

岐阜を助けたその莫大なお金は、人頭税から行っている。

でも、私は百年ぐらいたってその意味がわかって、どこかで誰かが助かったのならよかったんじゃないのと思ったの。

結局、命はみんなつながっているから。

沖縄は、琉球時代から戦後、復帰後と大変で、だからご先祖様を大事にする文化が今に残っているんですよね。

吉野　命の大事さというのを知るところだから、そういう経験をするんだよね。

私がカタカムナを沖縄でずっと広めたのは意味があるね。

入口　台所に火の神があったり、暮らしの中に祈りがあるので理解できるグラウンドがある。

吉野　私は、沖縄はフィリピンプレート沿いの島々が環状に連なったドーナツ形のムー大陸だったと言っています。

ムー大陸の内海の中を渦が巻いていて、その中心が龍宮だったのね。

渦の中心を、みんな拝んでいた。

ムー大陸が沈んでしまって沖縄が島になって、今、そこに文化が残っているという感じ。

そして、沖縄は、縄文海進という1万2000年前まで、つまりカタカムナ時代までは中国とも日本列島とも地続きだった。

海人族だから、ヨーロッパにもアメリカにも行っていて、縄文遺跡とか縄文土器らしきモノが世界各地で発見されているのね。

銀の龍の背に乗って、世界に反転を起こす!!

吉野　最初に見せたイリキヤアマリの絵で、龍が玉を持っているでしょう。玉というのは、次につなぐ命のことなんです。
龍が聖杯を乗せて生まれてくる生命の玉を持って地球を回っている。

カタカムナの17首に「マカハコ　クニノ　ヒトツカタツミ」と出てくるの。意味は「マカバが転り入り、転り出て逆回転する重なった中心は、すべて同じ仕組で動いている」という意味。小から大まで同じ仕組み。

カタカムナ学校の上級で学ぶものに「フィボナッチ数列ヒフミ九九算表」という数霊表があります。この表の原作者は、「神聖数理学」の探求者で縄文カタカムナルネサンスを提唱されている千々松健氏です。
これがマカバの図なんですね。
これはフィボナッチ数列といって、1：1・618という黄金比を生み出す数を一桁化して縦横、掛け合わせた掛け算表なんだけど、中央十字のゼロの列を取ると、中心に1／1／1が9個集まる部分が出来て、これがアマテラスなんです。

9というのは「テ（発信放射）」という意味で、自分の命の核から出てくる太陽神のこと。

この9の中心に「1（子）」が生まれてくるんです。

この表は縦の列も、横の列も全部合計数が「99」。

中心に生まれた「1」で「100」になるので中に留まれず中からすべての列を「百・百・百・百……」と斜めに切り裂きながら出てくる艮の金神（ウシトラノコンジン）となるの。

中心から左上にあがる対角線にそってプラス1が通っていく。

何でここを通るかというと、この線だけが、線をはさんだ両側が対称なんです。張り裂けて裏表になるときに、対称になる。反対側の対角線は対称じゃないの。

これが艮の金神といって、艮の方角が八重山諸島になるの。

入口　南西じゃない？　艮は東北だよね。

吉野　南西の坤（ひつじさる）から艮に向けて出てくるんだね。南西諸島と言うものね。

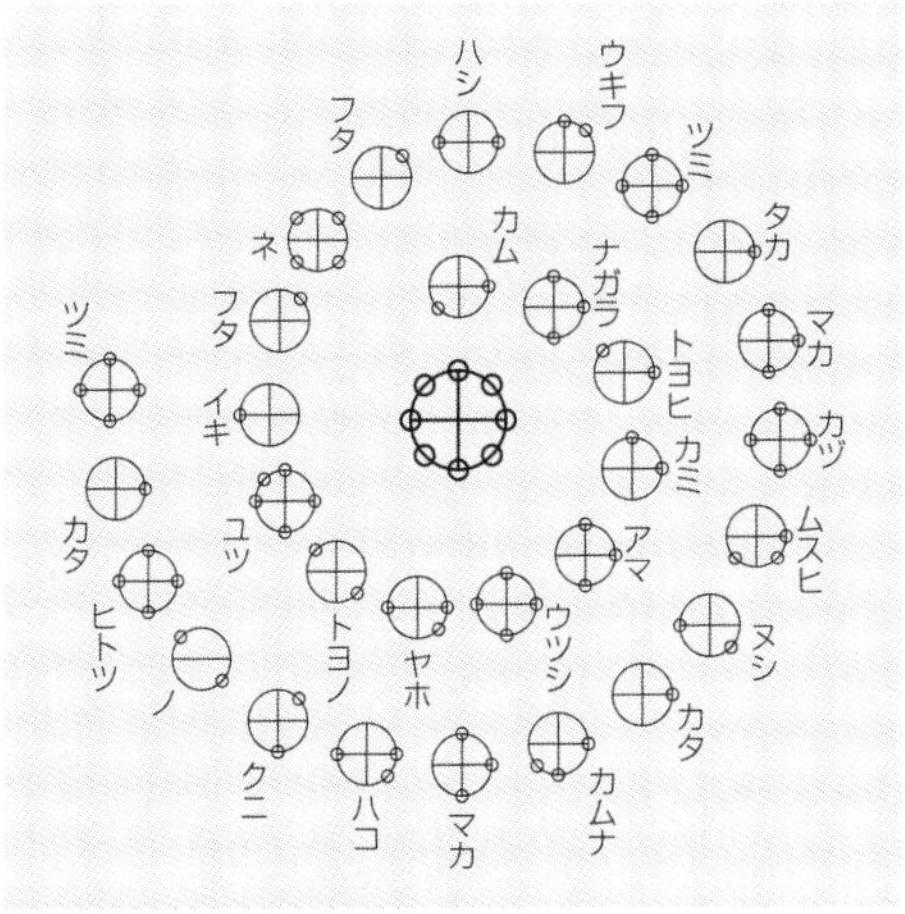

カタカムナウタヒ17首

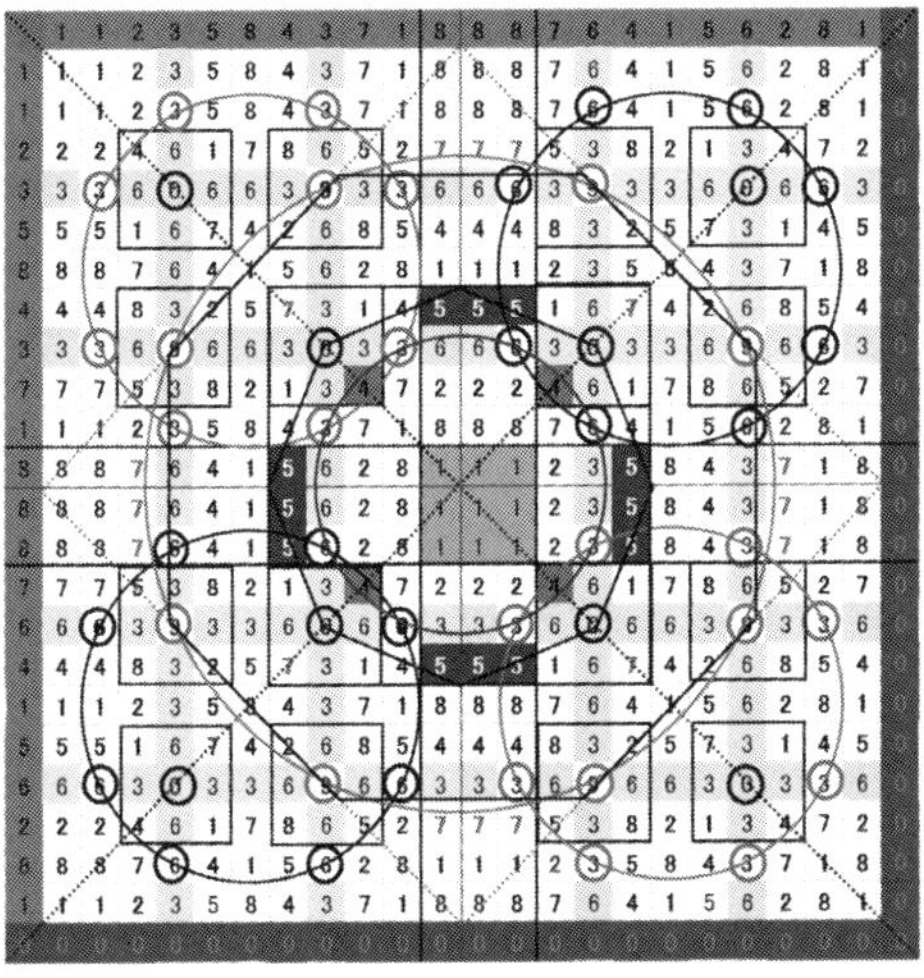

フィボナッチ数列ヒフミ九九算表

八重山諸島から光を出していくんだけど、艮の金神というのが、これなの。

地球の中心、または、自分の心の中から大地を切り裂いて進むときは「銀」の龍の背に乗って進んでいるんだけど、外に出たとたん、すべてが反転するので、「銀」を破字にして反転させると「艮の金」神となるの。

そしてこれが封印された「愛」の神。

入口　おもしろい!!

吉野　おもしろすぎでしょう。でもこれが言葉や文字がエネルギーの法則に従ってできているという意味。少しの矛盾もなくね!

与那国島を舞台にした「Dr.コトー診療所」というドラマがあったけど、「コトー」は9、10。

これは球体(=9)と10でカタカムナの⊕なの。

そして、この10を一桁化すると「1」の子どもとなって反転を起こすの。

ウシトラの数霊は90、読み方は「キュウ・ジュウ」。

これは「9・10(コトー)」と同じ。

コンジンは89で「龍神」と同じ。入口初美のハツミと同じ数霊。

ウシトラノの「ノ（20）」を入れると、艮の金神は90＋109＝199。
この数は本当におもしろい！
「九十と十九は十九九」と読めるね！
九＝〇（球）だから、全部〇十、カタカムナと言ってる！

入口 ホントだ！

吉野 これは9・10が10・9となって1生まれ、1＋99＝100となって反転を起こす、という意味。
日本の一番端の与那国島から銀の龍に乗って、反転して艮の金神となって東北へと駆け昇ってくる。日本列島縦断。

入口 だから、主題歌が「銀の龍の背に乗って」。

吉野 そう！ 銀が外に出たときに、艮の金神になる。
銀が金になる。光の神。

入口 銀が金になるときは、どうなるんだろう？

吉野 闇が光になる。
だから、あれがテーマソング。Dr.コトーの生命を救いたいという「愛」の想いが光を生み溢れ出て来る。

入口　なるほど。やっぱり人の想いの力は反転を起こす源なんだね。

与那国にはサンアイ・イソバという女王がいたんですよ。

サンアイとはガジュマルのことで、イソバが名前。

吉野　沖縄は女系よね。

サンアイは「3つの愛」と読めるね。

母の無償の愛には3つあって、

①天の母の愛（イチキシマ姫＝セヲリツ姫）

②大地母神の愛（タゴリ姫）

③人間の母の愛（タギツ姫）の宗像三女神の神を表します。

サンアイ＝99（すべてが球体）という意味ですね。

私のセミナーに、与那国から自分の船に乗って石垣に通ってきてくれたおばあさんがいたじゃない。

すごい人だなと思って、それから与那国はメッチャ気になってた。

入口　これからますます女性性の世界にひっくり返っていく。

吉野　2022年から2023年と、全部変わっていきますね。だから、はっちゃんと対談したと思う。それが私の誕生日だった。そんなことある？　私も選んでない、はっちゃんも知らないで、こういうふうになる。

入口　5カ月後、一応私の誕生日ですからね（笑）。

吉野　しっかり覚えとくね。

Part

II

未来を創造するエネルギーの核心になぜカタカムナがあるのか!?

吉野信子氏インタビュー

Chapter 1

イザという瞬間に「ナギ」と「ナミ」が……これは量子であり、波のことなのです!?

今と過去は同時に存在するパラレルワールド!?

――カタカムナウタヒ80首にはどんなことが書かれているのですか?

吉野 私はまだ全部読み解いて発表してませんが、宇宙の仕組みから人間の生命の発生、それから、重力とか、質量とか、いろんな物理学的なことまでも書いてあって、すごいんです。

まず、物質世界をつくったのは、イザナギとイザナミという男女の神様です。

「イザナギ」というのは、いざという一瞬に止まっている(イザ凪)。

止まっているというのは、粒子になっている。

次の「イザ」という瞬間には、波動になって流れている(イザ波)。

物質はすべて裏表が反転しながら一瞬一瞬アワのようにはじけて生死をくり返しているんですね。

それが速すぎて連続しているから、そこに存在しているように見えている。

これが時空間という意味。

それによってこの世の中（物質世界）ができているというのが、量子の世界なんですよ。

粒子であり、波である。

イザナギであり、イザナミであるということで、量子が原子になりそれが全部の物質をつくっている。

それを神話の中で語っているし、カタカムナの中に出てきているんです。

――イザナギとイザナミ、粒子と波というのは、観察者の視点で観察すると形を変えますよね。


吉野　そうなんです。

見るということが、今を過去にしているんです。

私たちは、光がはね返った物質の表面を見ています。

光というのは、出て、はね返った時点で過去になっているんです。

だから、見えている世界はすべて過去です。

私たちは全て過去の世界を見ている。それが光の波なんです。

だけど、波で見ているものは物質の表面、つまり粒子です。

存在している粒子の中は「ナギ（凪）」なんです。中は止まっている。

だけど、私たちは外から見ているから中は見えない。

見えているのは過去の世界で、それは観察者の視点で、見たという事実によって発するんですね。

だけど、外側から見たという光がはね返した時点と、内側の外を見て揺れ動く心の時点は同時に存在するんですよ。

見ている方は「今」、見られている方は「過去」、だから、今と過去は同時に存在するパラレルワールドなんです。

見ているというナギのほうは何の世界かというと、思いの世界です。

他人から思いは見えてないけれど、自分が光で見ているもの、つまり外の過去を見ながら自分の内側の思いは動いているんです。

あんなことしているとか、美しいわとか、過去が今に全部影響を与えようとするけど、今がそれらをどう受け取るかによって、次の過去の現象化のエネルギーが変わってきます。

過去は今に影響を与えるけど、今を変える力はない。

一方「今」が変われば確実に過去を変えることができる。

起こっている現象は同じでも受け取り方は、みんな違うじゃないですか。

常に嫉妬を込めて見る人と、頑張ろうと見る人と、何で俺は不幸なんだと見る人と、次の現象が全部変わってきます。

だから、不幸だというエネルギーを発していると、周りにその不幸エネルギーがはね返り、不幸なものが次々に現れるんです。

だけど、同じものでも、ほかの人から見たら教訓になったと思ったり、いろんな見方があります。

そういう意味では、思いの世界が全てをつくっていると言えるんですね。

――口に出す言霊まで違ってしまいますね。

吉野　そうなんです。

思っているときは何を思っているか相手にはわからないと思ってしまいがちですけど、実は呼吸の中でその思いは振動して相手に伝わっているんですよ。

声としては聞こえない周波数が、吸ったり吐いたりする息の中で同じ振動を出している。

だから、私たちは、あの人はちょっと信用できないとか、ウソついているとかわかるじゃないですか。

それは、そういうものを出しているからです。

それから、脳波も出しています。

心臓と脳は首でつながっています。

だから、「道」という字には首があるんです。

首が意識と思いをつなげている。

Chapter 2

カタカムナは、ヤハウェであり、国常立であり、艮の金神である!?

なぜ「王」!? 一、二、三という光に柱を立てた人のことを「王」と言うのです

吉野　思いが、ものすごい影響力を意識に送るんです。意識から脳に送るよりも、心臓（ハート）から脳に送る影響力のほうが何千倍もすごいんです。

思いが変わると、意識を変えます。

松果体から自分自身の脳波が発信されています。心臓と呼吸と意識によって統合された振動が出ているんです。

それをヤハウェというんです。

ヤとは「八」という意味よね。八というのは、八咫鏡のことで、太陽神アマテラスの御神体です。

カタカムナウタヒのほとんどはこの八咫鏡中心図象から始まっています。

「八咫鏡」を見ると、十（足す）の字が円の中に入っているけど、これは三次元の球体で、後ろ側には見えない「×（かける）」の字があるの。

その両方で八方向を表す鏡になっていいんですね。

この八咫鏡に名前を付けるとしたら、〇（弧コ）・十（ト）・バ（八個の小丸）と読めるでしょ。

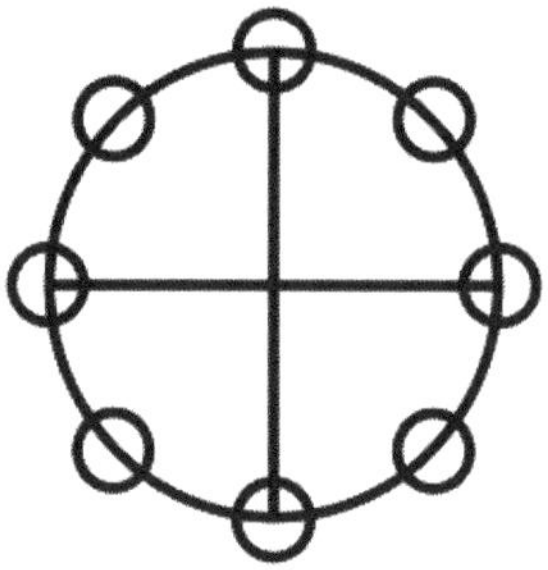

「八咫鏡中心図象」

さて、言葉とは何か?

カタカナ文字にすると、〇の前面がナ（＝十）、後ろがメ（＝×）と読め、英語表記するとＮａ・ｍｅとなる。「Ｎａｍｅ（ネーム）」とは「名前」という意味でしょ。カタカナ読みでも「ナメ」「ナメ」と何回も呼んでみると「なまえ」になるじゃない（笑）。

そして「名前」とは「名が前（さき）にある」と書

く。つまり言葉が現象を生み出した。

人間は皆同じ言葉をしゃべっていて、「バベルの塔以来、多言語になった」と聖書にも書いてあるけど、こうして読み解いてみるとそれが納得できる。思念では日本語の48音に直せばどんな外国語も、宇宙語も読み解けるから。


言葉とは、全ての名前という意味。私の名前が私を表しているように、全ての言葉はその本質の名前で、声や音に出さなくても、その名前自体が、その本質の振動を放っている。その振動を「ヤハウェ」というの。

「言葉は神であった」とヨハネの福音書にも書いてある通りね。

そして生命も、先ずは男女が統合して(+=ナ)、掛け合わせる(×=メ)事で生まれるという理も顕わしてるのよ。

「ヤハウェ」の数霊は「15+42+19+43=119」。

119は「引き寄り、発信放射するモノ」という意味で、つまり「足して(十)、広がる(×)」、「ナメ」という八咫鏡の「コトバ」と同じになる。

数霊で「ナメ=24(レ)」は「消失している。何もない」という意味。

言葉なのに消失しているモノ？　それは声に出さない「思い」のことじゃない？

そう考えると、ヤハウェの119は、「沈黙」と同じ数霊。

言霊とは声に出して言うことと思われていて、それは確かにそうだけど、声に出して力があるモノはその名前字体がエネルギーを持っているからなの。

その言葉の力（ヤハウェ）と、その人の声（言葉の響き）、そして、その人の行動の3つが、ピタッと一致したとき、現象化が起きるの。

それを「真＝誠」という。「マコト＝39」でヌの「突き抜く」」、「誠」とは「言うことが成る」と書く。

実は言葉を話す人間の本当の思いの力がこの世界を動かしているんですね。

――思いと口に出す言葉と行動、この3つがバラバラだとダメなんですね。

吉野　ダメなんです。

自分の強い一貫した波動がつくり出せないから、ほかの一貫した波動をつくり出している人に同化してしまう。

そして、その人の夢をかなえてしまうんです。

協力させられてしまう。

だけど、引き寄せの法則とか言って、自分が強い、やるぞみたいなことを常にやって、周りの人をみんな同化させている人は、そのうちに恨みを買うの。だって、あいつのばかり何でと思うじゃないですか。

憎しみとか妬みが起こると、今度は、その波動が現象化してしまう。

だから、相手のためを思って出す言葉とか、相手に感謝するとか、相手の幸せを願うとか、そういう言葉しか自分は幸せにならないんです。

人の思いを自分の思いとして生きるときに、ものすごい大調和が起こるのね。

それがカタカムナには書いてある。

――人のためと思いながら、自分に自信がないから、私はいいわ、みたいな、それは違うんですね。

吉野　自分の柱を立てないときには、人のためには力を発揮できないんです。

「王」という字は、「三＋1」でできていて三は光なんですけど、そこに光の柱を立てた人のことをいうんですよ。

だから、私が全てを現象化するという主体を確立している人じゃないといけない。言われたとおりフラフラしていると、ほかの人にも影響を与えられないんですよ。

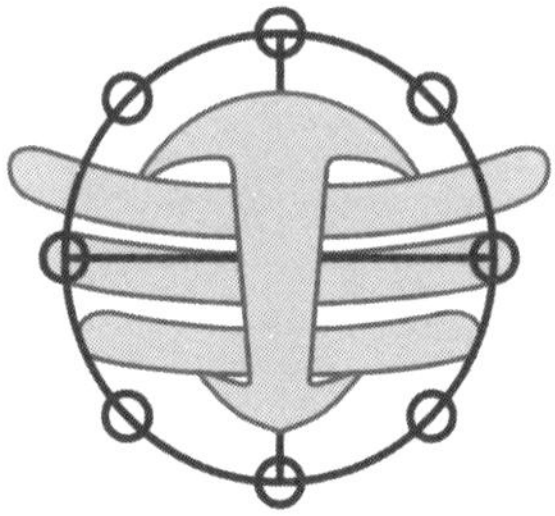

カタカムナ学校
Katakamuna School

「111」の「0空間」を通って
「1」が生まれ反転を起こす
カタカムナ＝103 → 4

自分の真ん中に光の柱が立った人が、人を幸せにできるという原理なんです。

これはカタカムナ学校旗なんだけど、元のモチーフは宮古島の「大神島（おおがみじま）」で見つけて、感動して、許可をいただき使わせてもらっています。

このマークは、八咫鏡（言葉）の中に、光の「三」を背負って、立ち上がろうとしている「I＝私」の姿を顕わしてるの。

これは言われるままだった「羊」という字から、角と尻尾がなくなり、言葉で現象化を起こす「王」となり、（I・eye・愛＝私）という柱が突き抜けて、回転しながら自分の殻を破って外に出ようとしている姿なんですね

羊から今度は、生態系の頂点に立つ「狼（大神）」になるという意味も含まれています。アマテラス大

神という光を放って、人を幸せにする存在のことです。

光の三に柱が立つと、人を照らす「アマテラス」の太陽神の光を放つことができるので、この自分の柱を立てようと立ち上がる人のエネルギーを「艮の金神」「国常立（くにとこたち）の神」と言うんです。

常立のトコで立ち上がるトコ（十九）とは、Dr.コトー（九十π）と反対でしょ。

まさに艮の金神の「九十と十九は十九九（艮の金神）」と同じだね！（99P参照）

Special Fieldwork

さとうみつろうさんと「セカイムラ」のお話

作家でミュージシャンのさとうみつろうさんの発案で
スタートしている「セカイムラ」。
賛同した人たちが集まり、日本全国の都道府県に
それぞれ独立したコミュニティが立ち上がっています。
セカイムラ特使を務めるはっちゃんのご縁で、
全国のセカイムラメンバーが参加する
新月会（ZOOM）にゲスト出演することに！

「セカイムラ」をカタカムナで読み解く

みつろう　はっちゃん、ありがとうございます。
　吉野先生、お久しぶりです。さとうみつろうです。
吉野　セカイムラおめでとうございます。すばらしい活動をされていて、いまお聞きしていてびっくりしました。
入口　のぶちゃんが今、セカイムラについてカタカムナで紐解いてくれています。
吉野　はい。「セカイムラ」という言葉を数霊で読み解くと、世界っていうのは、66で心と同じなんですね。これは「わたしたちが見ている世界というのは、心が現象化したものだ」という意味なんです。だから、66が現れるというのは、世界が心になるという意味なんですね。
　そして、村っていのは、「ム」が13。「ラ」が31。これは13と31が鏡合わせの反対の数字になっているんです。13っていうのが「地球」を表す「勾玉」のことで、31は、「ラー」といって、「ラー神」「太陽神」のことなんです。だから、「ムラ」っていうのは、本当にすごい。13っていう地球の世界と、31の太陽の世界が鏡合わせになっていて、その合計数がなんと44になるんですね。

「ムラ」は44。これは、次々と新しいものが出てくる。今、今、今、心の中から、新しい陽のエネルギー、太陽のエネルギーが次々とでてくるっていうのが、「セカイムラ」っていう数霊の意味で、その合計数は110なんですね。

11っていうのは、今（5＋6）、そして0は、そのものという意味なので、セカイムラっていうのは、「今そのもの」という意味になります。

そしてこの110の数霊を持つ神様の名前が、スサノヲです。

スサノヲが鼻から生まれたと言われる理由は、スサノヲというのは風の神なんですね。

これからは「風の時代」って言われていますね。スサノオがなぜ鼻から生まれた風の神かというと、鼻は人間が呼吸をするところですね。吸って吐いて、吸って吐いて、それが続く限り命というものは躍動するわけです。
だから「セカイムラ」というのは、本当にすごい名前です。
今に生まれるべきもの、66の世界。そしてそれが風の時代にでてきている。

すごい数霊でしたよ、びっくりしました。本当にこんなのはなかなかないですよ。

みつろう　吉野先生、実は、「セカイムラ」をカタカナでやっているのは、カタカムナに寄せようっていう気持ちが僕の中にあって、それこそ漢字で世界村ってやることもできたんだけど、カタカナのセカイムラで僕たちはやっているんですよ。

吉野　そうなんですね。ありがとうございます。

セカイというのをカタカムナの思念で読むと、「引き受ける想いを伝える」になります。すべてを自分に引き受けて、その思いを伝えていく、という意味になりますね。

狼の遠吠えとシューマン共振

吉野　そして、先ほどシューマン共振の周波数で音合わせをされていたのを見て、実はびっくりしています。

　というのは、神道では御神事のときに狼の遠吠えのように「ヲオーーー」という風に声を出しますけど、それは隼人の狗吠（いぬぼえ）から神道に伝わっているんですね。

　地球の中心の周波数を上に上げていって、地球を包んで回していくっていうことを昔の隼人の人たちもやっていた。それをカタカムナ学校では「狼の遠吠え」といっていつも最後にやるんですね。

　そして先程、このＺＯＯＭの最初にされた音合わせを見たときに、あ、セカイムラでみつろうさんがやってらっしゃるって、すごいシンクロでびっくりしました。ありがとうございます。

みつろう　ありがとうございます。ちなみに吉野先生、世界中でいつもつながってくれる人がいるので、それこそ世界各地でそのときのシューマン共振とあった音で「ウォー」と結んでいるんです。

吉野　そうなんですね。そのときの地球の周波数、外の周波数っていうのに合わせた音を出していくっていうことが大事なんだと思います。

この「ヲオーーー」っていう音は、終わりのヲの字の音で、Wが入っている音なんです。

そしてこの音は、ミロク魔方陣という数霊の世界の中心にある41番というカタカムナの音で、それはね、母音（ボオン）っていう意味なんです。母の音。

みつろう　うーん、なるほど。

吉野　そう、だから地球の大地母神からの音、つまりシューマン周波数ですね。

そういう意味では、今読み解いていて、本当に縄文、カタカムナの人たちがやっていたことがセカイムラの中で蘇っているんだなってすごく感じました。

入口　みんなの住んでいる土地とか名前とか、すべてに意味があるんですよね。ぜひ言葉を大事にして、音を大事にしていってもらいたいなと思っています。

みつろう　今日は、吉野先生に僕たちセカイムラのことをみていただけてすごくありがたかったです。

はっちゃんもありがとうございました！

入口・吉野　ありがとうございました！

●さとうみつろう公式HP　https://mitsulow.com
●オンラインサロン　セカイムラ　https://www.sekaimura.com

Part

III

植物の効能とエネルギーをカタカムナで解き明かしたい!!

Chapter 1

はっちゃんのセンサーと信子先生のセンサーを合わせて生まれくるものとは!?

二人は時空間を超えてつながる「量子もつれ」の関係!?

吉野　はっちゃんは植物と話ができると、私によく言ってたんですが、どういう感じなんですか。

入口　感覚でしか入ってこない。

吉野　どんな感覚?

入口　私は小さいときに、植物にさわると効能がわかるという体だったんです。

例えば、肝臓によかったら、さわると肝臓がキュッと痛くなる。

あとは、例えば、のぶちゃんを思って植物を見ると、その植物が光るので、のぶちゃんにはこの植物が必要なんだなというのがわかる。

あと、ここが今、ちょっと弱っているなというのがわかる。植物が言葉で「水、欲しい」とかは言わないですが、感覚で入ってくる。自然界を見ていると、次に何が起きるということも感じることができます。季節外れの植物が咲いていて、あれっ、早いなと思うと、社会がもっと早くなっていくことが起きるので、これはちょっとおもしろいなと思っています。

吉野　時々夜中に電話がかかってきて、「のぶちゃん、今、何かあった?」と言ったりするよね。

入口　うん。

吉野　そしたら、こっちで地震があったり、あんなに遠いのに石垣島とつながっていると思ってびっくりすることが時々ある。

入口　意識は時間も距離も関係ないですからね。

いろいろつながっているので、さっき話した於茂登山での件も、2人が別々の場所で同時にドーンと来たというのもあったし、今回のヒカルランドさんの件も、電話したときに、「今、お散歩から帰ってきたの。カタカムナの本を社会に出したいと思っていたら、はっちゃんから電話がかかってきたの」と言ってたよね。すぐオッケーになってね。

吉野　そうそう。

入口　10月10日の「平和の御子出産の儀」の直前に石垣島が停電になったときもそうでした。私は大浜の海岸で、「皆さんが無事にちゃんとできますように、ありがとう」とお祈りをして帰って、クルマの中でちょっとウトウトしていたときに、チャリンチャリンと鈴の音が聞こえたんですよ。のぶちゃんに電話をしたら、「今、鈴を鳴らしていたの」とか。
そういうのが結構ありますよね。

吉野　不思議なことがあって、びっくりする。

入口　意識はつながっているからね。

吉野　私の本の『カタカムナ形霊の超空間』(徳間書店)というタイトルの意味は、思いは空間と時間を超えてつながるという意味で科学的に言うと「量子もつれ」という意味なんですね。そういうエネルギーで意識はつながっているんだね。

入口　そうなんですよ。
たぶんこれは今世だけのつながりではないなというのは何となくわかる。

だから、ピピピッと行くんだけど、前世が大事というわけじゃなくて、今ここだから、この瞬間、目の前の信頼とかが、もっともっと大切になってくるしね。

縄文の愛に満ちた、生きる力を呼び起こす社会に向かって

吉野　はっちゃんと私は、お互いに持ってないものを持ってつながっている感じがする。

はっちゃんは、自然とか、植物とか、お月様とか、そういうものに感じるセンサーを持っているじゃない?

私は、言葉とか数字とか形とかを見て、それをつなげていくというセンサーを持っていて、人間関係とか、人工物とか、それをつくらせたエネルギーとかを見てやっているけど、お互いに持ってない分野を補っているなという感じはしますね。

はっちゃんは、これからその力をどういうふうに役立てていきたいと思う?

入口　大したことはできないけど、子どもたちとか若い子たちに渡せるもの以外はやらないと決めているので、意図が違うなと思ったらどんなに上手に仕事をやろう

と言われてもお断りします。正直でいるということですね。

私は臨死体験で30年後の地球の未来を見てきているし、惑星の中にも入っているので、自分自身がどこに行くかはわかっているから、今というときに、若い子たちが生きていく社会のほうに全力を尽くしていきたいなと思う。

だから、若い子たちと遊ぶときは、毎回、全力です。

吉野　私がはっちゃんとやりたいのは、一番最初にテーマソングを聴かせたじゃない。

入口　それをやりたいという意味がわからない。一緒に歌うとか?

吉野　違うよ。あのテーマソングに書いてあることを二人でやったらやれるんじゃないかなと思うのよ。

銀の龍の背に乗って。

入口　私がのぶちゃんとやりたいことは、植物の効能とかエネルギー的なこととかをカードに書いて、それをカタカムナで紐解くというのはどうかなと思っているの。

吉野　紐解くよ。

入口　例えば、ヤシは、人間関係とか、こういうときにいいですよというのと、そこにヤシという言葉のカタカムナの意味と数字を書いたら、もっとわかりやすいんじゃないかと思って。

吉野　そうね。それは読み解きができる。

それは宇宙法則だから、絶対間違ってない。

それを明らかにしたら、すごくいいものになると思う。

入口　それと、効能とエネルギー的なものがつけば、その1枚で、その植物のことが全部わかる。

吉野　それは協力できるけど、何のためにそれをするかよ。

入口　みんなに伝えるため。

だって、地球には植物がそのままあるので、次の世代にどんどんつなげていかないといけない。

吉野　でも、伝える意味は?

入口　自然界は、私たちとともに暮らすからよ。

吉野　私がこれをはっちゃんと私のこれからのテーマソングにしようと言ったのは、この情熱。

だから、人を幸せにできるかどうかを判断基準にして生きること。結局、それを果たすためにはどうしたらいいかというと、人間力、人間が持っている感性とか、直感力とか、生きる力を呼び起こすような社会にしなければいけないじゃない?

それをはっちゃんは持っているなと、私は思っているんです。石垣島の自然の中で育ったはっちゃんは、お月様を感じたり、人が持っていないものを持っている、現代に残っている貴重な人だと思うの。

はっちゃん以上の人は、そんなにいないよ。

入口　しかも、あの世からの出戻りですからね（笑）。だから、ウソをつけない。

吉野　ハブに咬まれた意味はあって、ハブに咬まれたから私と再会しているのね。勉強会のときに、はっちゃんが死に物狂いで歩いて私のほうに近寄ってきた光景が、私のまぶたに焼きついている。

ダーッと私の目の前まで来て座って、涙を流しながら聞いていたね。

入口　あのときは、手は包帯でグルグル巻きだったけど、バンバン入ってくるわけよ。数字も宇宙のことも、全てがわかる。

すごい懐かしいんだけど、その感覚を説明できる人がいない。私も呼吸も浅くて話もできなかったので、すごく助けられるんですよね。一筋の何かを見つけるという感じでしたね。

吉野　はっちゃんは、私も持ってない、はっちゃんしか持ってない感性を持っていて、それをみんなの感性にするにはどうしたらいいと思う？　それを説明するために、数字で読み解いて、こうだからこうなのとか、理解を助けることは私も協力できる。だけど、感じるようになるまでには、私ではなくてはっちゃんの力が必要だなと思う。

入口　だから、ある意味で、はっちゃんは今のままでは、まだダメだよ。

吉野　何で？　かわいいから？

入口　ううん。かわいいけど、違う（笑）。お互いにね。

吉野　とりあえずかわいいだけだけどね。

入口　いやいや、すごい希少人間だから。

はっちゃんは縄文人なのよね。

縄文人って、みんなはっちゃんみたいだった。すごい感受性ゆたかで、電話とかなくてもみんな通信していて、つながっていた。

入口　あと、夢を見たりしていた。

吉野　人の気持ちがわかる社会って、きっと殺せないし、戦争ができない。

そういうつながりの中でエネルギーを共有し合って生きる社会がつくれるかどうかって、私たちの10年にかかっている。

私が生きている間に。

それはある意味で祈りですよね。

だって、最後の10年間をどんなふうに使うかというのは、その人の祈りだからね。

こんなふうに生きたいという思い。今日は私の70歳の誕生日で、80歳まで全力で生きていく、思い残したくないという思いはすごくあるのね。

この人生を終えるまでの10年間を、私ははっちゃんと巡り会って、それをしなきゃいけないと思ったのね。

はっちゃんを知らなかったら、私は読み解きだけで終わっていたと思うのよ。

でも、何を読み解いて、何を伝えているのかといったら、結局、そういう感性を開かせるためにやっているわけで、開いている人がいるのだったら、協力して、そういうふうなものをつくっていければいいなと、すごく思っています。
縄文人がいっぱいふえたら、本当に愛に満ちた世界になるよ。
だから、すごい大事だと思う。

入口　そうですね。

吉野　どうしたらいいかね。

――言葉で説明すると、言葉になって減ってしまう。

入口　感性ですよ。

吉野　だから、語る言葉に愛がないとダメだと思うのよ。
我が子に思うような、大切だから幸せになってほしいという、そこから出てないと、結局つまらないものになると思うのね。
そういう意味では、今から二人で愛し合わないといけないね。

入口　そうですね。

Special Fieldwork

磐座に呼ばれた!? 大いなる力に導かれ、また何かが動きだす予感!?

――はっちゃんの直感により、
急きょ決まった神社参拝。
信子先生の案内で、
一同、越木岩神社へと向かいました。

はっちゃんのセンサーが感知!!

——芦屋にある対談場所のホテルに到着した途端、はっちゃんは窓の外にみえる六甲山に向かって交信をはじめました。しばらく目を閉じてなにかを感じ取った後にホテルの方に、何か質問していましたね。

入口 ホテルのフロントに着いたら、六甲山が後ろにあって、まずはご挨拶をしたんですね。

交信というより、受け答えをする感じです、基本的には。

でも、意識ではそれは一切やっていないんです。

このときも、向こう（神社）からは言ってきていた、電話はかかってきているんだけど、電話をとって電話に出るかどうかは、自分で決めようと思ったんです。その土地の人がやればいいこともあるので、私でなければならないことではないですから。

このときは「あ、この神社には行くんだな」って思ったんです。

六甲でカタカムナと言ったら、六甲比命大善神の磐座が有名だけど、今回はそこじゃないっていうのはなぜかわかっていました。

だから、近くにどんな神社があるのか、ホテルの人に話を聞いて、私の意識に連絡してきた神社を特定しました。

――すぐにわかりましたか?

入口 わかりました。越木岩（こしきいわ）神社があると聞いて、そこだ、と。

吉野 越木岩神社はカタカムナの神社で、何回も行ったことがありますよ。

偶然は必然！　越木岩神社を参拝

吉野　鹿児島に甑島（こしきじま）というところがあって、そこは今、島になっていますが、かつてはつながっていて、隼人の拠点だったそうなんです。

その場所は、鬼界カルデラの海底大噴火とかがあって、大地が大きく変化したんですね。

そこの人たちが逃れてきて住んでいるところが六甲の越木岩神社周辺ではないかと思います。

カタカムナが六甲にきたのもそのいきさつだと思います。

隼人の人たちが、八重島から甑島や南九州に渡って、六甲方面にきた。

鹿児島県の甑島にも甑岩を祀っている所があります。御神体なんですね。

そしてここでも甑岩を祀っている。

磐座信仰です。

◉**越木岩神社**　西宮市の越木岩神社は六甲山系に連なる北山の麓に位置する、自然豊かな古社。不思議な言い伝えが残る霊岩「甑岩」のほか、「中座の磐座」、「北座の磐座」という3つの磐座群があり、御神体として祀られている古代磐座信仰の聖域。兵庫県西宮市甑岩町5－4［HP］https://www.koshikiiwa-jinja.jp/

◉大国主西神社

吉野　大国主（おおくにぬし）、出雲ですね。大地主大神（おおとこぬしのおおかみ）が御祀神。

実はカタカムナの核（ナ）の空間を「クニ」と言って、その主は「大国主」なんですね。

カタカムナの〇と十の紋は「九十＝〇十」で「コト」と読んだり、反対に「十九＝十〇」で「トコ」と読んで、〇の内と外が反転することを表しているの。

その反転を作動させる神が「事代主（ことしろぬし）」。

「九十＝コト」を「十九＝トコ」に「代える」主。

だから、出雲の国譲りのとき、「最後は事代主が決めるから彼に聞け」と大国主が言ったわけ。

すると事代主は「ＯＫ！」と言って、船からひっくり返って逆手を打って海に沈んだの。

わざわざ何をしているかというと、十で陰陽が統合して産み出された１を〇（九）の外に出すために九に戻しているんです。

◉大国主西神社

ここで産み出される神の「1」が国常立(くにとこたち)の神様です。

ほら、「国(カタカムナ)」から「常(トコ=十九)」で「立ち上がる1の神」という名前でしょう。

それが封印された「艮の金神(龍神)」。

地球の核から反転して出てきて大地に降り立った神が、大地主大神(オオトコヌシ)。

それは見えない力に気づいた私たち人間のことなんですね。

だから、カタカムナも出雲なんです。

――伊勢ではなくて、出雲なんですか?

吉野 あの、伊勢は出雲なんです。もともと。

◉甑水神、甑不動明王

入口　きもちいい、この水、湧き水？
なんかね、波動が違う。水がくっついてくる感じ。

吉野　そう、飲めるよ。この水で禊をしたら波動が変わりますよ。

不動明王は、草薙の剣も持っていますね。

不動明王って、自分のことなんです。

十字架に張り付いていて動けない、心の中の自分。すべてを感じていくっていう、自分なんですね。

草薙の剣とは言霊の剣なんです。

入口　なるほど、一緒にこないとわからないね〜。

◉ 甑水神、甑不動明王

◉甑岩大神

◉甑岩大神　神社名の由来となっているご神体、
周囲約40m・高さ10mの巨岩「甑岩」が鎮座している

◉中座の磐座　祈雨止雨に霊験のある貴船社、
その背後にあるのが「中座の磐座」。
途中にあった「中座の磐座」で龍神様を感じるはっちゃん

磐座信仰のサンクチュアリで生まれ変わりの儀式

◉北座の磐座

吉野　私がみなさんに紹介したい場所がここです！
北の磐座。ここが中心！
カタカムナの中心が北なんですね。だからここが中心です。
この磐座を中心に、左回りに7周回ると、蘇るんですよ。

入口　7周、OK。7周っていうのは？

吉野　カタカムナのナナでね、右回りが寿命がなくなる方向。
左回りは寿命が入って蘇る方向なのね。

入口・一同　お――。

吉野　カタカムナの八咫鏡の中心の真上が北なんです。北極星が見えるところ。北極星信仰なの。渦を巻く中心に充電するということ。

入口　左が充電、右が放電。

はっちゃんは、すぐに裸足に。
一同、左回りに7周回る

◉**北座の磐座**　甑岩と並ぶパワースポットといわれる「北座の磐座」

吉野 そう、だからこっちからみて反時計回りに7周回ったら、正面で祈ります。

祈り終えたら、半周だけ右回りに回って、終わりです。

7でカタカムナ、そして今度は蘇ってでてくるんですね。

最後に反転すると、通常の世界に戻っていく。

入口 充電ができて、新しく生まれ変わったっていうこと。

吉野 そうそう、蘇ったってこと。気持ちいいですよね

入口 のぶちゃんと一緒に来れてよかった～。

龍の通り道、ゼロ地場の風

吉野　もう一つ紹介したい場所が、ここです。ゼロ地場の場所。
この下の木を見てみて。風の通路にある木が全部違うよ。ほら。ここの場所は風の通り道で、ゼロのエネルギーがバーッと通っていくの。

入口　だから木がくねってるのかな。

吉野　そう、どれもくねってるでしょ。
さっき通ってきたところにあった「中座の磐座」の龍神様のエネルギーがここにでてきて通り抜けているの。

入口　あっ、なるほどねーそういうことか。だから気持ちいいんだ。

吉野　カラスの唄を歌いたくなりました。知ってます?

一同　♪カーラースなぜなくの〜

吉野　そうそう、それ。
カラスの「カ」っていうのは、重力のことなんです。

龍神様の通り道
木の幹が豪快にうねっている

木と交流するはっちゃん

捻れを生み出すんですね。

「じゅう〜」って重力がでると渦が巻いていくんですね。

それがここを通っているんです。

「カ」っていうのはスサノヲなんです。

八咫烏というのはスサノヲのことなんです。八咫烏の三本足は子どもである三女神を表している。

スサノオは、三女神を宮島の厳島神社に連れて行って、そこで三女神を祀っているんですよ。「ここでお祀りされなさい」といって、子と別れて親ガラスは熊野に帰っていく。そして、子ガラスは弥山、それから天河神社の弥山という山に帰ったっていう伝説があるです。毎年、一人ずつ逢って跡を継ぐという儀式が神道で伝わっているんですね。

唄の古さは違うけど、きっとカラスがかわいい、かわいいってなくのは、その気持ちかなって思います。

それでは歌いましょう〜。
★全員でカラスの唄（「七つの子」）を合唱

入口　カラスが本当に向こうにいるねぇ。
「(鳴き真似で) カーカーカー」
吉野　上手い〜。本当のカラスかと思ったらはっちゃんだった(笑)。
おもしろいね、はっちゃん。

◉遥拝所のご神鏡に映るものは……

入口　鏡があると思ったら、鏡じゃなくて、向こうが透けて見えてる。
吉野　え〜? すごい、今まで気が付かなかった。
ここは伊勢神宮を遥拝する遥拝所だからですね。
天照というのは、自分のことですから。自分を鏡に映すというのは、神は自分だよっていうことですよね。
だけど、自分を映すと思っている鏡は、じつは自然なんだよって、言われてる気がします。
入口　おもしろいよね〜。

――ホテルに戻った一行は、この場所に来た理由を知ることに。
はっちゃんの直感とこの後判明する信子先生の失くしもの……。
カタカムナで読み解く不思議な答え合わせとは!?

◉「遥拝所」伊勢神宮・宮中三殿神宮神社をはるかに礼拝するところ

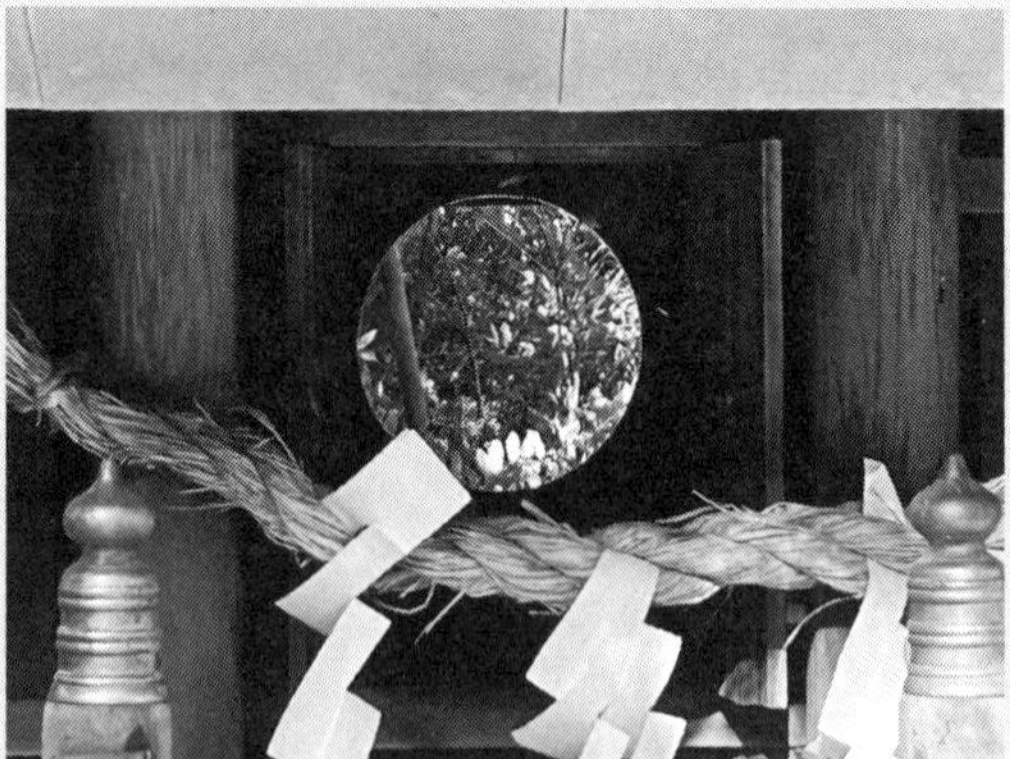
ご神鏡（それは穴）

Part IV

未来を作る言霊・カタカムナのエネルギーがついに動き出す!?

Chapter 1

一人一人が天皇になる!? 銀が金になる!? 艮の金神になる!?

鬼を殺して人間らしさを取り戻す「鬼滅の刃」のストーリー

入口　さっきのぶちゃんがこれからの10年をどう紬(つむ)いでいくかという話をしてくれたけど私は、空（くう）に戻るような感じなんですよ。

真ん中に行ったたときに、本当に何にもないけど全てがあるという感覚、言葉にしたら、たぶん愛というかもしれないんだけど、愛って、いろいろあるでしょう。

私は、それぞれの内側を空（くう）にしていくという作業かなと思っているんです。何もないけど全部がある。

これが伝えられたたら、自分たちの意識が全部つながっているというのがわかるじゃない。

今日、起きることがわかる。

だって、今、出会うこと、今、起きていることが集大成なわけで、今の私ができる精いっぱいのことだから、それをどんどんつなげていったら、それぞれが今を変えていくことができるんじゃないかなと思っているわけね。

だから、もうウソなんかつけないから。

みんな持っているじゃない。

さっき言った、一人一人が天皇であるということと同じ。

吉野　心の天皇になるということね。

天皇というのは、言葉を出すことによって世界を変える人、現象化を起こしていく人のことなのね。

天皇は、言霊でその力を持っている。

一人一人がその力を持っていたら、きっと一人一人が天皇のエネルギーを世界に出していけるから、世界天皇と言えるんだよね。

日本語にはその力があるから、日本人がそれを持つことによって世界天皇になる。

それが一つと、天皇というのは真ん中にいる人だから、全ての外側の汚れが全部入ってくる人なの。

だから、天皇様は、全ての汚れや災いや病気が私を通して入ってきて出ていくように祈っているのだそうです。

その覚悟と責任感を持てるかどうかが天皇の資格なんだよね。

どんなことがあっても自分が引き受けて浄化して出す。

入口　その反転させていく力も大事になってくるね。

吉野　私たちのテーマソング「銀の龍の背に乗って」の中に、その情熱が書かれている。

これを自分も沸き立たせないと、なかなかそういうふうにならないけど、もしはっちゃんと波動が共振・共鳴し出したら、すごいかなと思うのね。

入口　闇を光に反転させるほどの思い。銀が金になるという話?

吉野　そうそう。金と艮と書いて銀。

これが命の中から出てくるときに反転を起こして、艮の金神になるわけね。

だから、この歌は銀の龍の背に乗って、太陽の光、アマテラスとなるという意味です。

入口　実は、さっきの越木岩神社でのぶちゃんのイヤリングがなくなったんです。

吉野　朝から、どんなにネジを締めても1個だけ落ちるから、意味があるなと思っていたの。

艮の金神を閉じ込めている鬼門を破っていくという意味で「鬼滅の刃」のイヤリングをつけてきたんだけど、1個がどうして落ちるんだろうと、ずっと思っていたんですね。

参拝を終えて帰りのクルマに乗ったら、片方しかついてなくて越木岩神社に落としてきたというのがわかって、「あ、よかった、これは私がこれから艮の金神を出すという意味があったんだな」と喜んだんだよね。

入口　そうそう。

吉野　「鬼滅の刃」というのは、鬼を殺して人間らしさを取り戻すというストーリーです。

鬼も人間だったのだから成仏してくださいい、次は幸せになってという思いで鬼のエネルギーを切っているんだけど、そのイヤリングをつけてきた。

隼人の盾で、勾玉の球体は9と6で、真ん中にプラス3とマイナス3があると、説明しましたね。

プラス3とマイナス3が一緒になっているからゼロになって、真ん中が穴になる。

3と3で6だから、これは無になる。

動かなかったら6なんだけど、動いてプラスとマイナスが逆に行くと、3引く3になってゼロになる。

なぜかイヤリングが1個落ちたから、「あ、動いたな」と思ったの。

入口 それでいいということね。

吉野 そうそう。

――今日、ホテルのロビーで神社からのサインを受けとったときにはっちゃんが最初に言ったことを覚えてます？

入口 覚えてない。

――「止まっていて動いてないから、こっちのほうに行かなくちゃいけないんだよ」と言われました。

入口 そうなんだ。私、あんまり覚えてないのよ。意識でやってないから。

吉野　そして私が鬼門を破る「鬼滅の刃」を落として動き出した。

入口　生きているときは、目の前のことは全部自分の責任だという覚悟でいれば、落としても、あ、こういうことだったのねって。

吉野　意味がわかる。全部メッセージだから。

縄文人たちが耳に穴をあけて耳輪をしたのは、そういうことなんですよ。耳というのは、人の言葉を受け入れるところで、発しない。

ブラックホールなんです。

口がホワイトホールで、口から言霊を発する。

まず、人の言葉を聞くという思い。

そして、人の思いを自分と共振させる。

そして、愛の言葉を出す。

そういう意識があって、縄文人は耳輪をやっていたのね。

耳飾りの模様は、カタカムナの八咫の鏡の構造図と同じなんですよ。

縄文人は全部知っていた。

だから、1万4000年も戦争がなかったということがわかって、これは伝えなきゃいけない。伝えるためには、その思いとか感性、人の痛みを受け取って共振して出すという循環に、もう一回気がつかないといけない。

私は理屈がわかって読み解いているけど、実践しているのははっちゃんだから、そういう意味では、はっちゃんみたいな感受性を持った人をいっぱいつくらないと、と思っているんです。

「耳＝3・3」「カタカムナ（フトマニ）＝103」で愛の言霊を生み出す!?

吉野　六芒星というのは心を表すんだけど、三角が2つ組み合わさっている「三と三」つまり「耳」と言っている。

耳から入ってくる音が心の振動をつくっているのね。

耳と耳が、マカバの逆回転で振動を起こして、真ん中に穴があいて、その口から言霊が出る。そういうシステムなんです。

入口　死ぬときも、耳は聞こえているんですよ。

意識は違うところに行くんだけど、ドクターたちの声も全部聞こえている。

この世に戻ってくるときも、耳で音を聞いて戻るんです。

だから、耳で音を聞いて、この世とあの世を行ったり来たりする。


吉野 そうか、はっちゃんはすでに体験済みなんだね。

「耳」という漢字の中には、目という字が入っていて「耳＝3・3」と書くでしょう。これはカタカムナの構造を表しているの。

「隼人の盾」のときに説明した「高御座」のゼロの中に入っている「プラス3、マイナス3」とはミミ＝耳のことなんですね。

この三角形が2つ重なってマカバ（六芒星）となっていて、それが、コ（転がり入り）コ（転がり出る）ロ（六芒星）で、「ココロ」と言ってる。

入口 なるほど、マカバがココロなんだ。

吉野 そう、そして、三角形が重なり合った中央部分が六角形になってるでしょ。

ここが、耳の字でいうところの真ん中の「目」の部分で、人の気持ちと自分の気持ちが共振共鳴する部分のことなんです。

これを１０３（統合する3）と言って、カタカムナのことなんだよね。

カタカムナの数霊は103になるし、「ひやくさん」と言う数字を名前として数えても「103」になる。不思議な数字。
ここをフトマニ（2つが統合する間の2つ）とも言うの。
この部分が私（陰）とあなた（陽）が重なった「相＝愛」が生まれる部分なのね。
このココロの振動がエネルギーにのって、パーンと口から出てくる。

入口　ということは、私たちが出す言葉は、セーノ、「ヤッター」（笑）。

吉野　!?　よくわからない。

入口　今、私たちの間ではやりなんです。

——言霊で、「ヤッター」と言うと、すごく波動がいいんです。

吉野　「ヤ」というのは15で、「飽和する」。
15は、1と5で6なんですけど、もうエネルギーがパンパンになる。
「ター」というのは別れ。
だから、「ヤッター」というのは、紙風船をプーッと膨らませて、エネルギーをパーンと出す。

入口　だから、楽しい一日になるわけね。

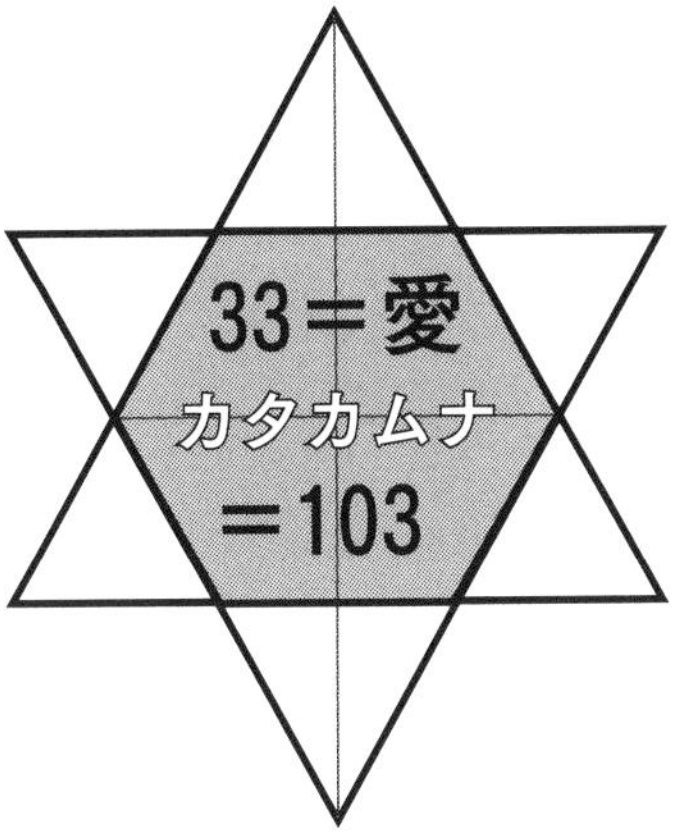

ココロの構造（マカバ）

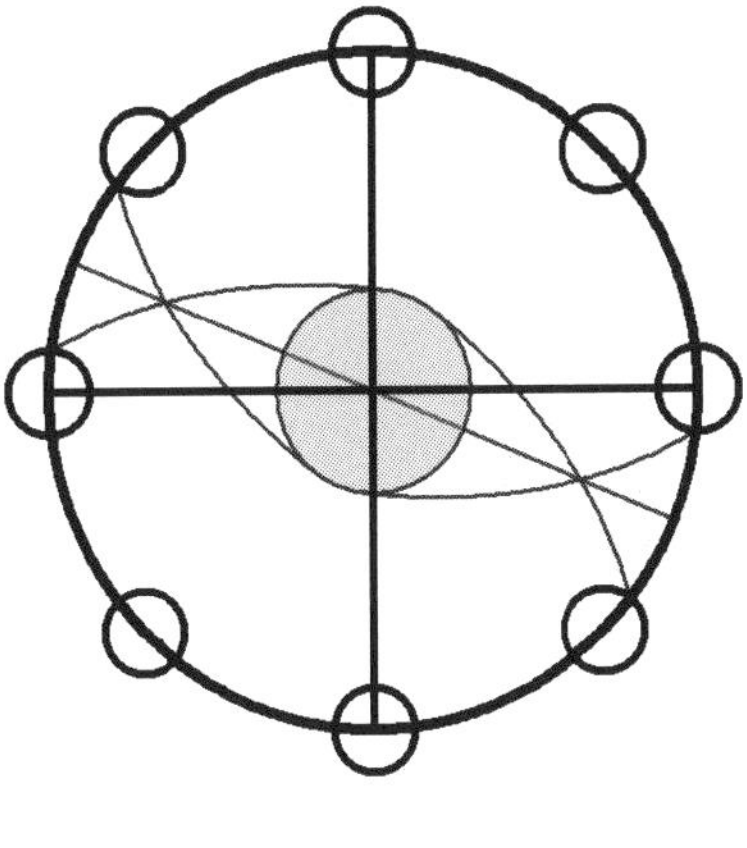

八咫鏡の耳と目の構造図

吉野　自分のエネルギーがいっぱいになったのが全部出るという感覚。

入口　でも、一つになっているからね。

吉野　そうそう。カタカムナは14で、14が外に出るときは反転して41になるんです。

ヲ（数霊41）は「奥から出現する」。

だから、全てのカタカムナのエネルギーがパーンと出てくる。

入口　偶然にも、私たち、1週間ぐらい前からそんなことをやっていたんだね。

吉野　今日やっていた「ヲー」という音が、41番なんです。

　ミロク魔方陣という縦も横も斜めも全て合計算が369になる魔方陣があって、その数霊の真ん中にあるのは必ず41なんです。

「ヤッター」は数霊でいうと「85」。

「離れて伝わるモノ」という意味で、たとえば私とはっちゃんが出会って「パーン」と手を打ち合って離したときに喜びが溢れてくる。そんな感じだね！

同じく「アマテラス」が「85」で光を生み出すと

31	76	13	36	81	18	29	74	11
22	40	58	27	45	63	20	38	56
67	4	49	72	9	54	65	2	47
30	75	12	32	77	14	34	79	16
21	39	57	23	**41**	59	25	43	61
66	3	48	68	5	50	70	7	52
35	80	17	28	73	10	33	78	15
26	44	62	19	37	55	24	42	60
71	8	53	64	1	46	69	6	51

369魔方陣

いう意味だから。

入口 ヤッター!!

吉野 幸せになるね。

入口 そう。先取りして、朝、起きがけにやるんです。

するとと、ヤッターということが本当に起きてくる。

吉野 本当にそう。

入口 こうして読み解くと、日本語のエネルギーや言霊がいかにすごいかがわかるね。

吉野 そうなの。日本語の言霊がすばらし過ぎるので、日本が戦争に負けたときにアメリカ軍が言霊を消していったんですね。

だから、「ヱ」とか「ヰ」という音を消していったんだけど、終わりの「ヲ」は自分自身という意味なので消せなかったんです。

それで少しだけ残った。

入口 おもしろいね。

吉野 「ヲー」という狼の遠吠えに呼応して、次々と狼どうしが遠吠えを始めるでしょ。

「ヲー」というのは、本当の自分という意味です。41番。

14番が私の核で、その命の核から出てきたものが本当の自分という意味。

それが出て来て「ヤッター」になってるね。

Chapter 2

カタカムナは数、形、言葉で全部がわかってしまう!?

魂を信頼すれば、エネルギーは必ず道を作ってくれる!!

吉野　数霊41番といったら、すごく大事な、カタカムナ（自分の生命の根源）が出てきたことになります。

41番は、数霊によると伊勢、つながり、ドーナツ、菊理姫、始める、入れるというような意味があるんですね。同じ数霊は同じ本質を表します。

だから、はっちゃんも覚悟を決めて、私とペアを組もうか。

入口　いや、覚悟は決めてます。だって、私の命はその使い方しかできないので、全力でやっていこうという感じですね。

吉野　私が今まで出会った人、出会った人が、結局、裏切るとか、去っていくとか、割とそういう人ばかりだったから。

入口　でも、その人たちも大事だったんですね。

その人たちとの体験がないと結びつかなかった。

入口　でも、そこでゴチャゴチャしていたら、本当に結びつこうと思う人と結びつけなくなるので、そういうときはサッと手放して、さようならと言う。

吉野　寿命があと10年だったら時間をムダにできないから、そろそろ本物に出会わなくちゃと思っていたのよ。

これからは、とことん信じられる、一緒に生きていける本物の人とつき合っていきたいなと、すごく思っていたんです。

私もまだそんなに覚悟が決まってないけど、出会う人と、渦を巻いていけるかどうかなのね。一人じゃ巻けないから。

入口　いや、やりそう（笑）。

吉野　そういう意味では、はっちゃんとの出会いは本当に大事にしていきたいと思うよ。

入口　私は向こうから帰ってきて、もっともっと正直になってしまったのね。

誰だってこの世で人間やっているから、人間くさくたって何だっていいかなと思うけど、自分の心は、自分の魂がオッケーを出す人以外はダメだから、ずっとそういう人としかつき合ってこなかったけど、そこにごまかしがきかなくなった。それをやっちゃうと、恐ろしいぐらい調子が悪くなるので、もうウソはつけない。うまくいかないことは最初からうまくいかないので、そのときは手を出さないで、様子を見る。時期を見る。

決まることは、ムダなことをしなくても決まっていく。

吉野 そうよね。

入口 そこで何とかしようと思っていたら意外と違う方向に行くんだけど、自分たちのやっていること、魂を信頼していれば、エネルギーは必ず道をつくってくれるから、そこでゴチャゴチャしない。

吉野 今日話したように、はっちゃんとの御心事も含めて、ハンパない、いろんなことが起こっているじゃないですか。

入口 私を通して、全て生かしていくだけなので。

吉野 すごく大きな神様からのメッセージをいただいているなと思うのね。

入口　それをみんなが気がついていくという意味で、言葉というのがすごく大事になってくるのでね。

「ヤッター」でも、それでいい一日になれば、そこからみんなが気がついていけばいいし、じゃ、紐解いたらこうだよと言うと、一つ一つを大事にしていこうと思うんじゃないかな。

あと、カタカムナで物事の真実が見えますよね。

それがみんながわかるといいですね。

吉野　カタカムナって何なのだろうと、毎日思うんだけど、数、形、言葉で全部わかるんですよね。

入口　のぶちゃんはすごくきれいに紐解いていく。

要するに、真っさらな自分で紐解いていくので、解釈を歪めないでちゃんと紐解けるというのが、のぶちゃんのいいところだなと、私はすごく思う。

吉野　生命の構造がわかっているから。

宇宙のエネルギーがどう流れているかというのがわかってきているので、言葉をその上に乗せて紐解いていってるのね。

入口　難しくないというのがいいですよね。

吉野　古い概念を打ち破って、カタカムナの考え方に慣れていけば、宇宙の構造って単純なんですよね。

入口　本来は宇宙はシンプルなんですよね。

Part

V

ヒカルランドの
コンセプト(ロゴマーク)が
カタカムナのマークと
一致していた!?

Chapter 1

ヒカルランドもカタカムナも「闇が光に変わる」の意味!!

王冠をかぶっている子どもは王になっていく過程です!

入口　ヒカルランドを読み解いたら、どうだろう。

吉野　王子様みたいなヒカルランドのマークを見てびっくりしたんですが、カタカムナ学校のマークと同じ意味があるんです。

光が出る王冠をかぶっていて、王冠の真ん中にハートが書いてある。

ハートは心を表しているんですね。

それから、子どもの顔をしているじゃないですか。

八咫の鏡の命の中の、母の水である羊水から生まれてきた人間のことを全部、羊(ひつじ)というんですよ。

ヒカルランドの王子マーク「プリンス君」(写真は10周年の記念品)

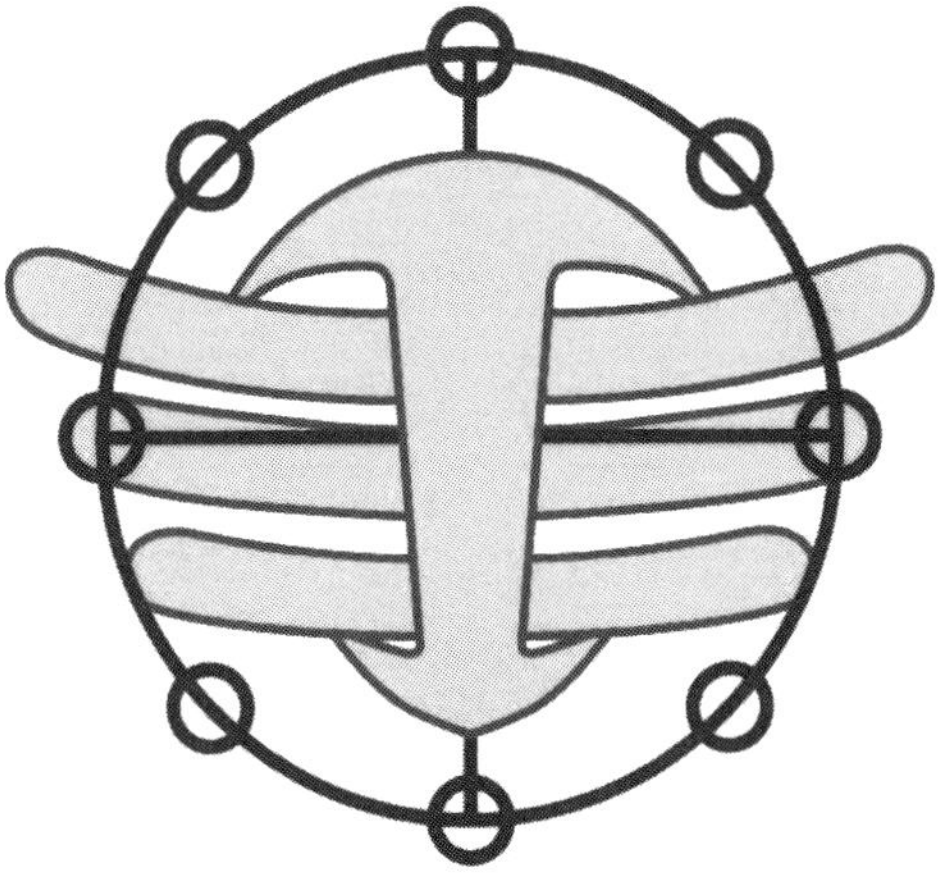

カタカムナ学校章

羊の水から生まれてくるのは羊なんです。

イエスキリストは神の羊と言われているけど、私たち一人一人も羊なんですよ。

羊は、こっちにおいでと言うと、ダーッと群れてついていくでしょう。

「群れ」という字は「君は羊だ」と書くんです。

ヒカルランドのマークの王冠をかぶっている子どもは、羊からリーダーシップをとる王になっていく過程なんです。

それから、「羊」という字は、角が一つになると「主（しゅ）」になるんです。

自分の主（ぬし）になって、自分の生きたい生き方をする。ちゃんと柱が立っている人のことを「主（しゅ）」というんです。

入口 「主となる」という言い方をしますね。

吉野 そうそう。だから、イエスのことを「主イエス」と呼ぶんです。

全部、日本語でしか読み解けないんです。

カタカムナでしか読み解けない。

羊の角（つの）が取れて、グルッと回って突き抜けると、「申す」という字になるんです。

「神」という字は「示す」と「申す」でできています。

神とは「現象を起こす（示）、言霊を発する（申）」人間のことを言うんです。言葉が神であれば、言葉を発することができるのは肉体と心を持った人間だけです。

ヒカルランドのマークは、まさにカタカムナ学校の校章と同じコンセプトで、これは闇が光に変わるという意味なんです。

「羊が柱を立て王になって１（子）を産み出し、殻を打ち破って外に出ようとしている形」

カタカムナ学校の校章は、八咫鏡の中心図象が使われているでしょ。

八咫の鏡の中はブラックホールなんですけど、その中の闇を振動のエネルギーで飽和させることによって外に出てくると光になる。

だから、私は今日ヒカルランドのマークを見たときに、カタカムナと同じことが書いてあると思ってびっくりしたんです。

石井（ヒカルランド社長）　しかも、これは10周年のときの記念のものだ。

吉野　王子様の周りに描かれた丸は星の形をしていて全部「十」の字。しかもヒカルランド十周年記念と中に10が書いてある。

これは正に○に十のカタカムナを表しているでしょ。
だから、本当にびっくりです。

入口　おもしろいねえ。
でも、偶然はないですからね。
見えない世界からのメッセージで動いているから。

Chapter 2

ヒカルランドの意味は外のすべてを光で包む発光源!!

日月神示はカタカムナを予言していた!!

入口　ヒカルランドという名前を、読み解くと、どうですかね。

吉野　ヒカルランドを思念で読んだとき？　ちょっと計算してみるね。

すごいですね。数霊で数えると「ヒカル（38）ランド（62）」で、すべてを包んで（38＝大和）、一つになる（62→26の逆数）」という意味になり、合計数は「100」です。球体は「99（96＋3）」で表されるので、100だと球体が砕けて内が外にひっくり返る！

「砕」の漢字も、「石が九から十」になると砕けると読めるでしょう。

艮の金神がでてくる数が100なんです。

岩屋の闇を破って外に出てきた三の光が天を照らすのが「天照」。その光によって地上世界が幸せになることが「ヒカルランド」。

石井 すごーい、嬉しいなあ。

吉野 それからこのマークは「王子」様ですよね。王に世継ぎが生まれると「小さい1」がついて「玉」という字になる。だから「子宝」といいますね。「玉」は漢数字の「五」という字と同じ形で、思念は「伝わる」よね。これで、系統はつながり伝わっていく。

「外のすべてを光で包む発信源」というのが、ヒカルランドの意味です。

石井 全部意味があるんだ。

吉野 陰陽は5(イ)、陽は4(ヨ)で合計が9(球体)を表しています。99というのは、9がドンドン続くという意味。だから凝縮(チ)した9を「チキュウ(地球)」というんですね。

その99に、自分が立ち上がって「プラス1」が内側に生まれると、100(百=モモ)となって反転するんです。

石井 ヒカルランドのマークを描いてくれたのは、さくらももこさん。

吉野　えっ！　そうなんですか？　スゴい。どこまでもつながっていく！

石井　もうびっくりですよ。スゴい読み解き。

入口　桃もスゴかった。また、デザインしたのが「ももこさん」というのがね。

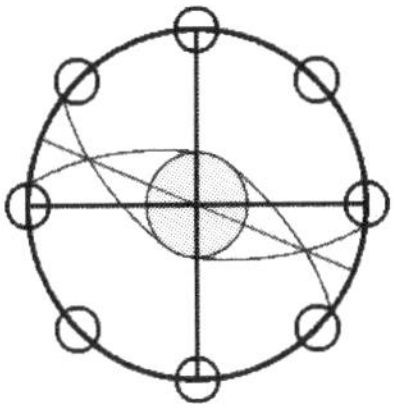

吉野　実は陰陽の形自体が「桃」を表しているんです。

桃を縦に切ると、中央に大きな種があるじゃないですか。

あれが、八咫鏡の構造図だと言って紹介した「一つ目」を表しているんですね。

この形は命の種なので、桃太郎は桃を割ると生まれてきたという話になったんだと思う。

桃の漢字は「木（エネルギーが）・兆（ちょう）」と書くでしょう。生命エネルギーは「兆」の形、字をよく見ると蝶々の羽の形ですよね。

これが実は「イザナギ」という「サナギ」から生まれた蝶のエネルギー（イザナミ）を表しているんです。数字で言えば「8」の循環の形です。

イザナミの闇のエネルギーが実は光に変わっている。イザナミは暗闇である黄泉の国に住んでるけど、黄泉は「黄（光）の泉」と書くじゃないですか。

それから、「もも」とはカタカムナの数霊で「33＋33＝66（心）」で、球体を回していく「3＝光」が思いのエネルギーとして次々と出てくることを表しているんですね。

古事記の中でも、イザナギは、桃の実を3個投げつけて黄泉の暗闇から出てくることができた。そしてイザナギを救った桃を「意富加牟豆美命（おおかむづみのみこと）」と名付けて、「大いなる神のミ（3）」として、「これから人間が悩み苦しんでいたら、救済しなさい」といって救世主の役割を授けたと書かれています。

聖地とは我が胸にあるココロの振動だった!?

吉野　先程も少し話しましたが、実は関東の縄文人は、カタカムナの八咫鏡の構造図と全く同じイヤリングを耳にはめていたんです。
真ん中に一つ目があり、回りに4方向（十）に4つの穴と、×方向に小さい4つの穴が空いていて、コトバ（〇・十・八）を表す八咫鏡と同じです。

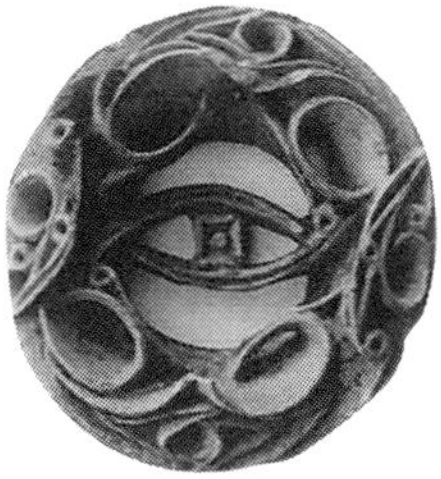
縄文人のイヤリング（土製耳飾）
（東京都調布市布田町下布田遺跡出土）

それが耳を表している。

中の一つ目はモノを言いませんが、扉が開くと目が口になり、言葉を発します。その言葉が現象化を起こす力を持っている王なんです。

これを一文字で表すと、「聖」の字になるよね。

「耳（目）と口が王の力を持つ」となります。

これは情報収集と伝達機関で「ココロ」を振動させる場所。つまり、聖なるモノ、聖地とは我が胸にあるココロの振動だったと言うことがわかるでしょ。

縄文人はすべてを知っていた、だから人の話を先ず良く聴いたのだろうと私はおもっているんですよ。

ちなみに「聖」の字の「耳(6)+口(38)+王(59)」を足すと、その数霊は「103」のカタカムナになるの。

石井 はっちゃんがあの世からもう一度いのちの種をもらって蘇ってきて、今「自分の宇宙を生きる」って覚悟を決めてることも、まったくこのことだなって思って感動しました。はっちゃんも音を聴いてこの世に戻ってきた。

吉野 はっちゃんは、本当にこれを体験して生きている人。

入口 私が自分でわかっていることは、思っていることと、言っていることと、やっていることがずれちゃったら本当に調子が悪くなるし、もうウソはつけないんですね。だから正直に、どんな自分も全部引き受けて、まるごとそのままで生きているって感じ。

吉野 つまり、神というのは自分のことで、神のエネルギーを受けて生きている自分、それに気がついて生きる。

これはさっきの羊が王になる、羊が主になるというのと全部つながってくるんです。
それをカタカムナは解いているわけです。

入口　今の神というのを、自然とか宇宙という言葉に変えても同じですよね。私は、自然界とつながるときも、自分の内側を全て明け渡すという感覚なんです。内側の中心は光がはいってくるところで、中心に入ってくるものを頭を通さないで感じるほうが早い。頭で考えるほうが遅いです。
全て自分の宇宙だから、起こること全てを信頼できるんですね。だから、明け渡すことができる。

吉野　こういう命の仕組みを理解して実感して生きると、今というときを、本当の自分を出して生きていける。
それをはっちゃんと協力して伝えなきゃと思っているんです。

入口　はい。私でよければ、喜んで。自然界のことしかできないけど。
紐解き方が違うんですよ。全てがつながっている。
だから、おもしろいし、そこに何があるかというと、全部をつなげられる。私の内側を全て明け渡すと、全部が一体化しているので、全部がわかってくる。

吉野 私は、言葉を全部読み解いて、これがわかったの。

聖なるものとは何かとか、破れる、砕けるというのは9が10になることなんだとかね。

石井 「九十(こと)」というのは、「日月神示」にもよく出てきます。9と10でマコト。

吉野 卆業の卆は九と十と書きますね。これは、八咫鏡の8から9、10となったら、卆業して、1になって出ていく。

石井 「九十が大事ぞ」というのも、カタカムナで読み解いたら、みんないけちゃう。

今、わからないことがいっぱいあるから、それも今度読み解いてもらおうかな。

吉野 全部読み解けます。

石井 そこの数字の部分だけ意味不明なんですよ。

吉野 今、カタカムナ学校でそれを教えていますが、「日月神示」に「五十九の神様がおわしますのじゃ」とか、いっぱいある数字を全部読み解けます。

だから、「日月神示」はカタカムナを予言しているんですよ。

だって、これがないと、意味が全くわからないんですもの。

石井 あそこも艮の金神じゃないですか。

吉野 そうなんです。

石井 ヒカルランド立ち上げ早々に3・11があって、そのときに出した本が『[完訳]㊀日月神示』で、もう1つが浅川嘉富さんの『龍蛇族直系の日本人よ!』という本で、両方とも龍に関係しているんです。

それを4月に発売するために、見本を配る日が3月12日で、電車が動いてないから、自分が自転車で埼玉県の川口から東京の飯田橋まで行って、本を持って各取次店を回ったんです。そして、喘息になった。

その後、事務所が手狭になって引っ越したんだけど、そこがなぜか津久戸町3—11だったんです。


吉野 えーっ、すごいシンクロ!

やっぱり、思いはつながって現象化するんですね。

私も3・11の東日本大震災から真剣にカタカムナに取り組むようになりました。

その結果、翌年、日本語48音の思念が降りてきて、言葉が読み解けるようになった。

それに『龍蛇族直系の日本人よ！』という本は、まだ読んでいませんが、カタカムナ人のことを言っていると思います。

石井　エッ、そうなんですか。

吉野　ハイ、日の本とは「カタカムナ（根源）」という意味なんです。

その根源に外側からつながるエネルギーが「蛇」、その日の本（元）から立ち上がるエネルギーを龍といいます。地球の核のエネルギーと直接つながっているのが日本なんです。

太古の昔、そのエネルギーは龍と共に世界に散らばっていった。

そしてその民族は、長い年月をかけて蛇のエネルギーを持ってまた日本に集まってきた。

今は再び、日本から世界に向けて、龍エネルギーの渦を巻き起こす時代を迎えています。

石井　うちの立ち上げのときは、「日月神示」と「龍蛇族」が売れて。

「日月神示」というのは、出口王仁三郎のところにいた岡本天明という人が自動書記で降ろしているんです。

吉野　出口王仁三郎が大本（おおもと）。

はっちゃんの石垣島にある山が「於茂登（おもと）」。

紐解くと両方とも地球の核とつながる場所と言う意味なんですね。

大本の「本」という字は、「木＝振動エネルギーがでる十（カタカムナ）の源」という意味だけど、「元」というと「二八」と読めるので、「その振動エネルギーを押さえている圧力が開放されるトコロ」が元である。といっている。

本と元の違いはそこだね。発信源と圧力の開放。

核の振動が開放されて外に出ると「心」という字になるよ。

「心」は、「元」の反対の「八＋二」と書くけど「二（圧力）が開放されて、フ（2＝振動）が外に出た」形。

入口　「元」が二八で、「心」は八二？

吉野　「元」と「心」は同じモノなんだけど、「心」という字は、エネルギーが外に解放されて振動している様子を、、と二つの点点（フ＝2）で表しているのね。

心の破字は、「八＋、、二」で、八＝ヤの飽和でもあり、数霊「8＝リ」の離れるという意味もかかっています。

つまり、内と外は反転する鏡の世界ということ。

心は内側にあると思って、人からは見えないと思い込んでいるけど、心から出る振動は、実は私たちを包み込んで漂っている。

その形が「心」。

私たちは、しゃべっているのも心だし、思っている脳波も心が振動を起こして外に飛んでいるでしょ。

つまり「心とは自分を包む我が家だ！」とカタカムナウタヒ14首には書かれているの。

入口　腹で思っていることと違うこと

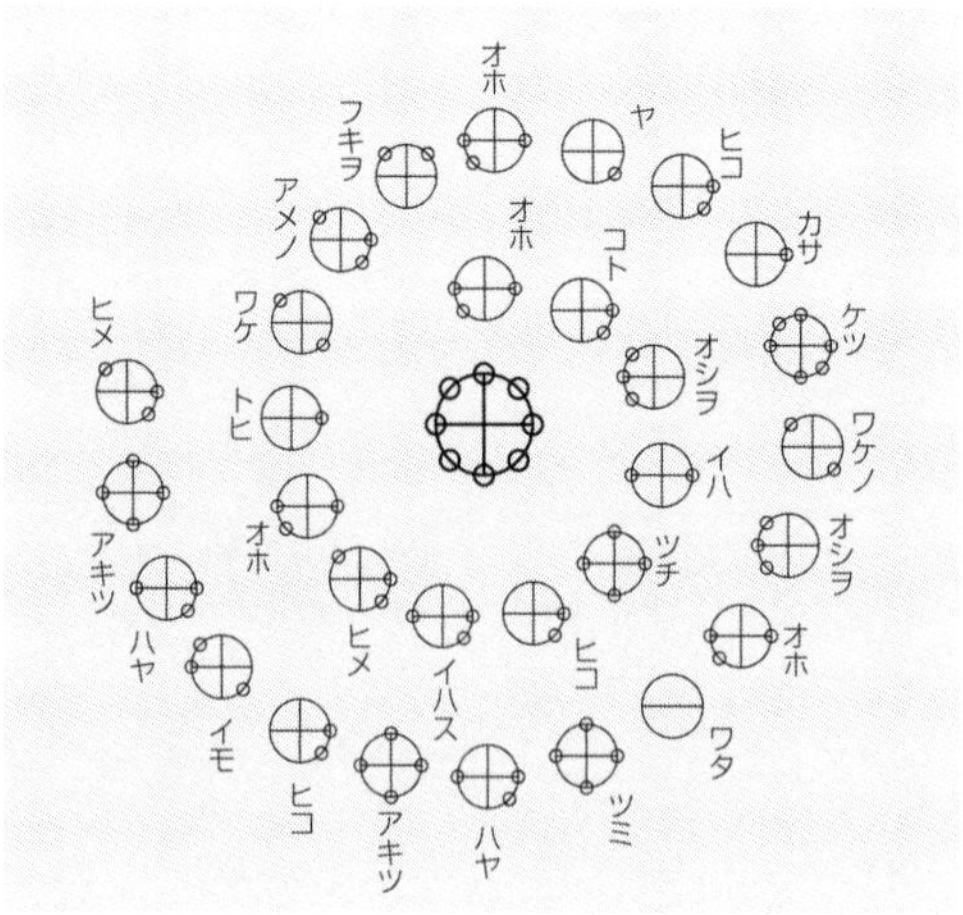

カタカムナウタヒ14首

を言っているのは、不協和音になって気持ち悪いのかもしれない。

吉野　本当にそう。

この28（元）というのが、神（数霊28）なんです。

カミの「カ」とは重力のこと。「ミ」とは光のこと。足すと28（サ・遮り）。

重力で、光を閉じ込める（遮る）と、光とは反重力物質だから、殻を打ち破って外に出ようとする。

それが、岩戸を開いて出てくる太陽アマテラスの旭日π。

九で出てきた日（ヒ＝1）。

つまり、ここでも自分の命の中心にいるのが神となるね（96P参照）。

今日は28日でしょう？　私の誕生日。

入口　私も11月28日生まれだからね。

石井　自分は9月28日生まれ。

日月神示の中矢伸一さんも9月28日生まれ。

吉野　すごいね。3カ月ごとに。

入口　パーティーだね。ヤッター。

吉野　だから、本当につながっておもしろくなる。

入口　おもしろいね。31日まである数字の中で、この中で3人が一緒の誕生日。なるほどね。

石井　はっちゃんが、そう言われていくのに。覚悟ができましたか、社長。腹をくくっていきますよ。

入口　いやいや一緒。

吉野　一緒ですよ。

石井　いやあ、びっくりした。だって、ヒカルランドとカタカムナはマークが同じだったんだから。

入口　腹くくって、ハイ、ヤッター。

全員　ヤッター。

入口　健資、頑張るぞー。ヤッター（笑）。

吉野　メッチャうれしい誕生日。（拍手）ありがとうございます。この数字が全部、フィボナッチ数列ヒフミ九九算表に出ているんですよ。カタカムナ学校の上級で学びます。

フィボナッチ数列から日月神示が読み解ける!?

吉野　さっき、艮の金神の説明のときにも見せたけど、この「フィボナッチ数列ヒフミ九九算表」は、カタカムナ学校の上級クラスで4カ月かかって学ぶところなんですね。だから全てをここでお伝えすることは難しいですが、探究した先に何がわかってきているのか、少しだけご紹介しますね。

フィボナッチ数列というのは、1から順に次の数字を足したものが次にくるという数列ですね。

だから、1、1、2、3、5、8、13…というふうに続くよね。

——フィボナッチ数列は自然界の中にたくさん見つけられますよね。

入口　そう、たとえば、巻貝とか、ひまわりの種の渦とか、植物の葉っぱの出かたもみんなフィボナッチ螺旋で渦を巻いてる。

私は、台風ともコンタクトしますけど、台風も渦を巻いていて、中心にある台風の目はやっぱり空になってます。

台風の渦

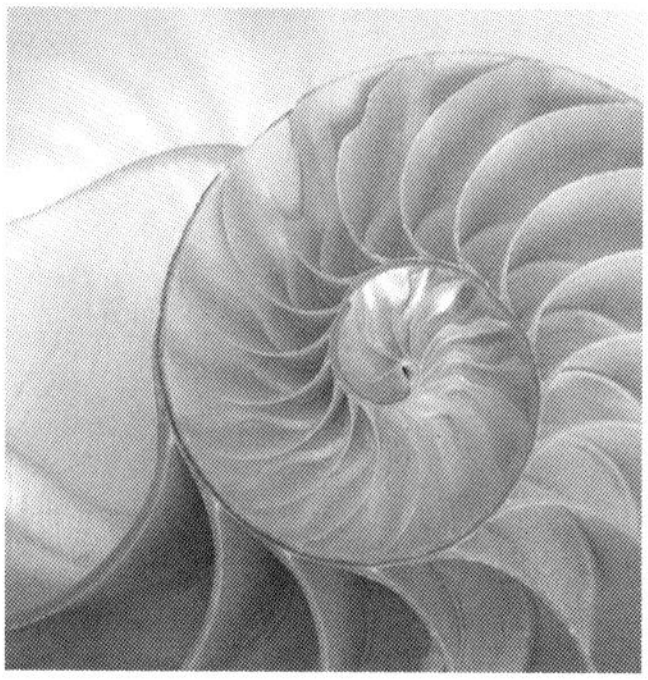
巻貝の断面図

吉野　カタカムナは、その自然界の渦を文字として実際に描いている形なんですね。

――　この表が宇宙の設計図なんですか？

吉野　宇宙の設計図というか、宇宙の羅針盤、総合案内所のような感じなんです。

カタカムナでは9（9次元）が最高数なので、二桁の数字もすべて一桁にしてフィボナッチ数列をみるんですね。

「一桁化」といって、たとえば13だと、1＋3＝4、21なら、2＋1＝3、という感じです。

一桁化したフィボナッチ数列を縦軸と横軸に置いて、それをかけ合わせた答えをまた一桁化して出来上がったのが「フィボナッチ数列ヒフミ九九算表」です。

この表は、フィボナッチ数列を元にしているん

ます。
だけど、白銀比（1・414）とか、円周率（3・14）とか、ネイピア数もでてき
不思議です。だけどこれを言霊、数霊、形霊を使ってみていくと、色んなことが
ズバッとズバッとわかるんですね。
すごいんです。本当、息が止まりそうです。次々と発見があって（笑）
―― そもそもどうして2桁を足して一桁にしたり、それを掛け合わせるんです
か？

吉野 宇宙の図はすべて足し算と掛け算になっているんです。
カタカムナは、「The name」ナメっていっているのは、これが命の仕組みだから
なんですね。
ナは＋、メは×ということ。これは、精子と卵子が、統合してかけ合わさるとい
う命の仕組みなんですね。命が発生するという仕組みなの。
この表をみると、真ん中に1111と1が9つ現れてきます。
そしてこの周りに、完全数が現れるんですね。
6、2、8というのが見える？ 6も28も完全数です。

28というのが、周りを囲んでいるでしょ。この28は、神という意味でしたね。中心の1が9つある場所が、私自身を表すアマテラスの場で、「すべては私につながる道」という意味なんですよ。

そしてこの道のことを「神道―しんとう」というんです。

この表には弥勒菩薩もいるし、イエスキリストもでてくるし、ヤハウェもでてくるし、世界の神様がいて、「ああ、宇宙の略図が数によってでてきてる」っていうのがわかるんですね。

これが数字で現れるの、全部。

石井 すご〜い。

吉野 この表に、日月神示も全部現れているし、日月神示が何を予言していたかというのがみんなはいっているのですごく面白いです。

先程も言ったように、この表は千々松健氏が作ったものですが、この読み解き方は、私独自のモノです。数を数えて私がつくった思念表と数霊表を使えばそういうふうにわかってくるんですね。

入口 私は自然界を感覚で捉えているけど、それがこうやって数列になってるなん

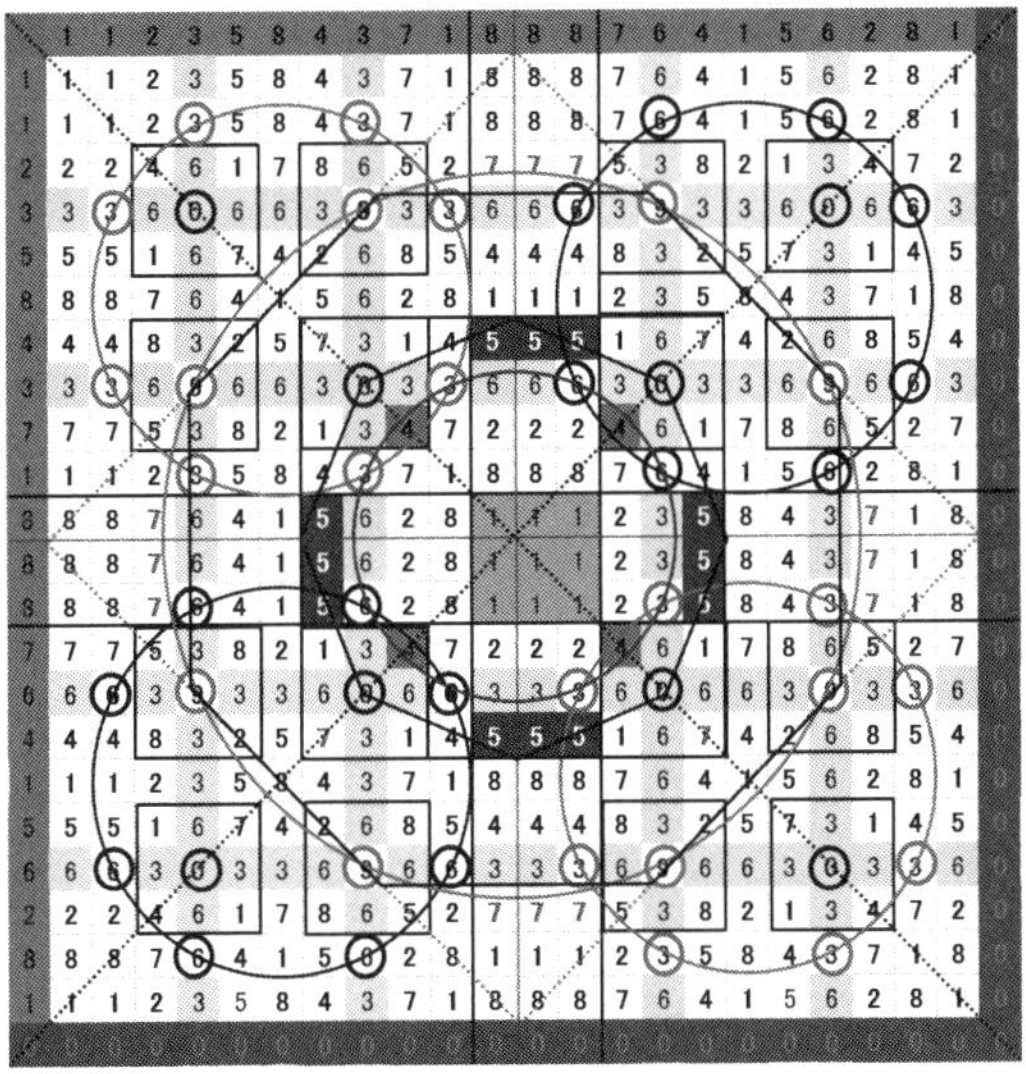

フィボナッチ数列ヒフミ九九算表

て、本当に興味深くておもしろい。

吉野　数と植物と人間と地球はみんなつながっているってことを、はっちゃんは体全部で感じているんだなって思うよ。

入口　目の前の雑草といわれてる植物一つにも、この壮大な幾何学があって、触ればそこから情報がやってくるしね。

――そういえば、以前、波動があまりよくない場所で、はっちゃんが「すぐに植物にさわってて。葉っぱに触れると落ち着くから」って声をかけてくれました。

入口　もしあまりいい気がしない場所や人と出会って影響をうけたなってときも、パパッと祓えるものが自然界にあるから、私は理屈じゃなくてすぐにそうしてます。自分をどこと共振共鳴させておくかっていうのはすごく大事よね。

吉野　カタカムナウタヒを読み解くと地球の成り立ちについてこんな風にでてくるんですね。

「太陽系にまず地球ができて、電子の雲が地球を覆うと植物の根が生え出す」って書いてるんです。

地球を包む電子の雲と地球内部の陽子がつながらなくては植物は根を下ろさない。

つまり、電気なんですよね。

地球電気のつながり、循環ができると、植物ができてきて、樹木が生えてくる。そうすると、酸素ができて、今度アマから、人魂（ひとたま）、人間の魂が降りてくる、っていうふうに書いてあるんですね。

そして生まれてきた人間の生命の周りには、同じような電子の雲が覆い、生命の振動を発信する。

それが、その人が住む見えない家となるっていうんですよ。

さっきも少し話したけど、自分の家っていうのはね、古事記の中にも出てくる家宅六神（カタクロクシン）という神で、自分の振動が包む心の家のことなんです。

自分を覆っている振動の中に自分が棲んでいるということなんです。

よくオーラとかいうけど、自分固有の振動空間ですね。

自分の命の振動、言霊の振動、全部発信するものが自分の雲となり、家となる。

自分を包む雲（家）から外に振動を発信して、共振共鳴が起こってくる、っていうことがカタカムナウタヒにでてくるんですね。

Part

VI

カタカムナとは、あなたの命の根源を表すもの!?

Chapter 1

カタカムナで読み解く入口初美は龍のエネルギー、半端ない突破力!!

全てあなたが責任者——そうウタヒに書いてあります!

石井(みづほ)　「入口初美」というのはカタカムナではどういうふうに読み解くんでしょうか。

吉野　イリグチは29で「エネルギー」、ハツミは89で「龍神」という意味で、イリグチハツミというのは龍のエネルギーを持っている人という意味です。ビューンと出てくる。

エネルギーは、生命の根元から出ていて、そこをカムというの。

カムとは、上下の歯で食べ物を押しつけるという意味でしょ。

同じように、球体の重力(カ)を考えると、すべて中心に向かっている。

その重力の上下の広がり（三角形）が、中央でつながって、さらに押し合うと「ム（無）」という最高の圧力エネルギーが保存される核の空間ができる。

圧力がスゴすぎて、すべての時間が止まっている。

このカムの圧力で核の中に閉じ込められているのが「光」で動けないから闇となってる。

はっちゃんの「入口・初美」という名前は、この光のエネルギー（29）が、離れて発信放射する（89＝龍神）となり、壁を突破する力が半端ないことを表しているのね。そして、入口＝入ったところから、出る（初美）人、というので、その突破エネルギーは循環する。

だから、合計数は118で、「引き寄り＝11」そして「離れる＝8」を繰り返す人だね！

もう止められない！（笑）

それが瑠璃さんの描いたイリキヤアマリの絵とピッタリ！

入口　昔はギラギラした石垣島の12時の太陽みたいだったけど、今は朝8時の太陽くらいにしとこうっていうお年頃になりました（笑）。

石井　このカムナガラというのが、六芒星のマカバなんですか?

吉野　そうなんです。「ナ」とは六芒星の回転軸を表しているんです。

カタカムナの「ナ」の字は、「核」という意味で、縦線が左に曲がっているでしょう。

漢数字で表すと「ナナ」と呼んで「七」と書き、今度は縦線が右に曲がっている。

実はナとは「十＝プラス」の意味があって、2つの三角が一つに統合するという意味なんです。

統合するためには、軸がつながらなければいけないんですが、それが「ナナ」。

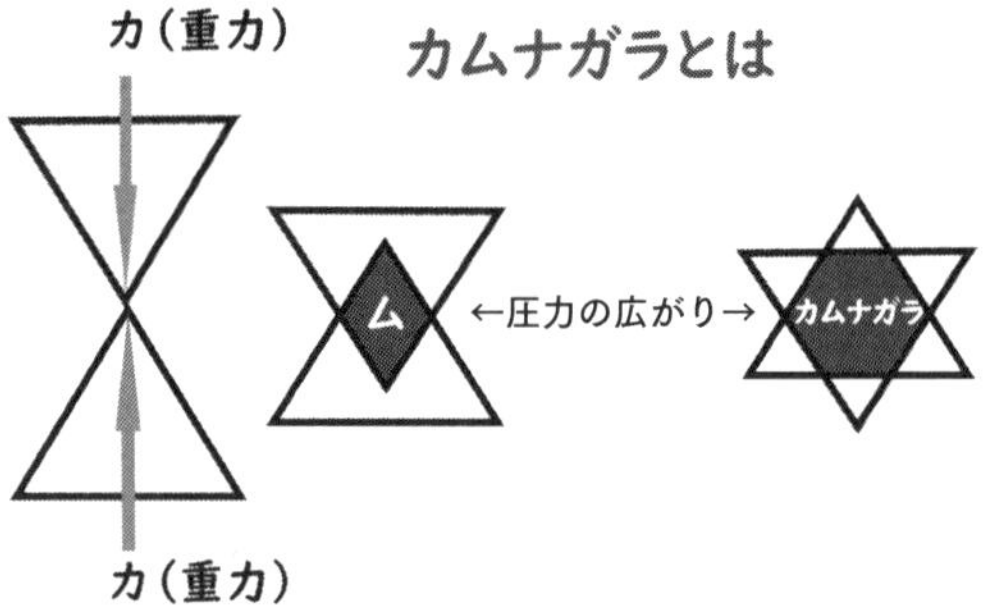

上から降りてきた重力(カ)は左回りの軸を持ち、下から昇ってきた重力は右回りの軸を持つので、統合したときに、2つの三角形は逆回りを始め捻れるんです。

つまり接点で2つの軸がつながって極限まで捻れていく。

その捻る力が引力となって物質を引っ張っているのかもしれない。

そしてその捻れが解き放たれると龍のエネルギーが急速に解放される。

だからこの2つの逆向きの七を「ナナ」と2回言うし、カタカナと漢数字では渦の巻き方が逆なんです。

ややこしいかな？　とにかく、どんな小さな文字の違いにも、それなりの意味があるということ。


六芒星を統合する「ナと七」の逆回転システム

言葉を読み解くと、私みたいに全く物理学なんか知らなくても宇宙の真理や動きが見えてきます。
ここから、人間がこの真理を知って言葉や文字を創ったのではないことはわかるので、言葉や文字は、実は宇宙の振動に合わせて人間が創らされているんだと私は思います。

みづほ　みんなそれぞれ名前がついていますが、ちゃんと今世をやり切るために、その名前がついているんですか。

吉野　それは自分が何かをやりたいと思って持ってきた名前なんですよ。名前というのは、自分の本質、振動で、前世でやり残したことをやりたいという思いが振動になっているんですよ。

その振動数が名前として現れるんですね。

だから、声に出して言わなくても、私はその名前なんですね。

本当の自分はそれをやりたかったという思いが今の命になっているので、それを感じて、お父さんやお母さんは名前をつけている。

だから、自分がつけさせているんですね。

私の名前が私の本質をあらわしていて、言葉というものがなぜ日本語で読み解けるかというのは、日本語48音が言葉のはじまりだからかもしれません。

石井　はい。そう思ってました。

みづほ　基本的に男性は、例えば石井健資で生まれたら、ほぼ石井健資で一生を終わるじゃないですか。

でも、私は結婚したから石井姓になっています。

それもちゃんと決まってきているということですか。

吉野　女性が結婚して名前が変わるとか、また改名して運気が上がる名前にするというのがはやっていますけど、本質の振動が変わらないと、名前を変えても、読み解いたら同じになるんです。エーッ、一緒やん、となる。

結婚を機に本質が変わる場合は、そういう姓を持つ人と縁がつながる。

自分のレベルが上がっていくと、勝手にみんなが違うように呼び始めるんです。そのエネルギーによって、名前が変わってくるの。

自分の本質を変えないと、名前だけ変えてもダメなんです。

入口　でも、名前を言葉にして出すことによって、音に乗っていくということもありますよね。

吉野　それもありますね。

でもどんな名前も優劣は一切ないと思う。

入口　言霊というよりも、その音らしくなっていくというか。

吉野　そうね。「僕はクマ」と熊が自分で言わなくても、みんながクマと呼んだりしますよね。

みづほ　要はあだ名的な感じ？

吉野　名前というのは、人に呼ばれないと言わないんですよ。私は吉野信子という存在なんだけど、人に「あなたの名前は何?」と聞かれたときしか、自分で吉野信子と言わないでしょう?

名前を名乗ることって、人生でそんなに頻繁にないです。だけど、私はずっと吉野信子という振動を出しながら、そのエネルギーで生きているんですね。

人間は、名前を呼ばれるとジーンとくるんですよ。私の名前を覚えてくれていたとか、知らない人から呼ばれたときに、存在を認められた感じがして、うれしいんです。

「○○ちゃん」と出席をとられて、「ハーイ」と言うときに、私がいた、と自分で思うんですね。

名前というのは無言なんです。

カタカムナのことをヤハウェというんですけど、ヤハウェというのは沈黙という意味なんです。

石井　みだりに神の名を呼ぶな。

吉野　そうなんです。

だから、ヤハウェというのは言ってはいけないと言われていて、誰も名前を呼ばなくなって発音がわからなくなった。

でも、名前はあるんですよ。

ヤハウェというのは、本当の自分のことです。

私の命の真ん中に、誰かほかの人がいたらおかしいじゃないですか。

ヤハウェが出てくると、みんなひれ伏すんです。

カタカムナというのは、あなたの命の根源という意味なので、それを教えているんですね。

羊が王になるんだよとか、あなたが天皇なんだよとか、あなたの思いが世界をつくっているんだよとか、全てあなたが責任者なんだよということが、いろんなウタヒの中に書いてある。

みづほ　私は子どものときに自分の名前がずっと好きじゃなかったんですが、あるときから、まあ、いいかなと思えるようになったんです。

吉野　「みづほ」って、いい名前じゃないですか。

入口　私も聞いたとき、きれいな名前だなと、一番最初に思ったよ。

吉野　名前が嫌いだったんですか。

みづほ　嫌いでした。

　でも、いつぐらいからかな、好きというのではなくて、これでよかったんだと思えるようになったんですね。

　それは、それを自分が受け入れられたというか、それなりに生きていられているということですか。

吉野　そういうことです。

　自分の使命を生きているから生きられるんだと思う。

　私は旧姓が高橋信子なんですが、色が白くてぽっちゃりしているから白ブタみたいということで、子どものころは「高橋のブー子」と、ずっと言われていて、信子という名前がイヤだったんです。

　だけど、「信子」というのは「人に言う子」という意味で、今、私は「カタカムナ言霊伝道士」ですが、伝道するという意味を表している。

　人を信じるという意味もあるし、自分を信じるという意味もある。

信を「まこと」と読むと、マというのは六芒星のことで、これが転がり入って統合するという心のことを表している。

すごい名前をつけてもらっていたんだなとわかって、この名前だったからカタカムナに巡り会ったし、私はこの道だったんだと、今はすごくうれしいです。

Chapter 2

はっちゃんの直感力とカタカムナで植物を紐解くことがこれから重要になる!?

「ヤシ」をカタカムナで紐解く

みづほ　今日少しお話に出ましたが、「ヤシ」は、カタカムナ的にはどういうものですか?

吉野　「ヤシ」というのは、「飽和する示し」という意味ですね。エネルギーを飽和させ満たされた状況をつくり出す力がある。15＋23で38だから、その満足感をみんなに届ける、という意味があります。

入口　だからヤシの木は、こう広がっているのね。

吉野　エネルギーを調べないとわからないんですけど、ヤシの実って、どんな形?

入口　いろいろあるけど、大体卵っぽい形をしている。

吉野　小さいの？

入口　いろんなヤシがあるから。

吉野　飲めるんじゃないの？

入口　あれはココナツヤシ。
　ヤエヤマヤシとかは、そんなに大きい実はならない。

吉野　ヤシの習性を調べていくと、この「飽和する示し」が成分やその本質にも関わっていることがわかると思う。
　それから、空間を満たしていくという何かの特性があるんだと思う。
　ヤシの使い方とか料理の仕方を調べると、何かを満たしていく印があるんじゃないかな。

入口　ヤシ系は、意識に作用するエネルギーがあって、人間関係の循環をきれいにするという効能があるんですよ。
　それで、どこに行っても、ホテルの前にはヤシが大体多いんです。

吉野　そうか、ホテルやリゾートでヤシを植えるのは「充たされたエネルギー」を感じさせるのかもしれないね。

入口　今、聞いていて、もう一つこれかなと思ったのは、ヤシで屋根をふいていたでしょう。これも感覚的にヤシの葉の効能を感じとっていたからかも。

吉野　ヤシの葉の下で暮らしている人の気持ちに安心感を充たしているのかもしれない。

入口　食べ物ではなかなか使われないですね。

ココナツヤシか、もう1個、赤い実がなって、覚醒作用がちょっとあるというヤシがあって、フィリピンとかではそれを食べて口が真っ赤になったりするみたいですが、それぐらいで、あんまり食べる文化はないですね。

吉野　でも、ヤシって南国にいっぱいあるよね。

入口　だから、南は人間関係が温和になっていく。

これは意識に関しての見方ですね。

吉野　「飽和する示し」しかわからなくて、そこは38だから、グルッとすべてを包み込んで届くという意味なんですよ。

大和（ヤマト）と同じ数霊です。

ヤシの木は背が高いんだけど、大地にまで届くやすらぐエネルギーを作り出しているのかもしれない。

入口 要するに、38で、光が離れるということですね。
3が光だったでしょう。

吉野 そうそう。「38・ヱの届く」という意味と、38を一桁読みにするとそうなるね。光が離れて届いているというのは、元に戻る。
トーラスのエネルギーが渦をつくっているのでしょう。

入口 だから、人間関係になっていくんだね。

吉野 「癒やし」というのも、そういうのを言っているのかも。伝わるヤシ。

入口 なるほどね。カタカムナと植物がつながると、わかりやすい。

吉野 「飽和する示し」という特性を持っているのは間違いない。
そして、それは38番という、光が離れるという意味だから、植物を研究すると、何の効能かというのが全部出て来るね。

入口 深いね。
もう何年も前から、植物を紐解いたらおもしろいよねと思っていたけど、これが現実化していきそうだなという感じがする。

吉野　はっちゃんの植物の知識が必要ですね。
はっちゃんが植物と交流して得ていることと、私の読み解きをあわせて、その名前がなにを表しているのかというのもちゃんと伝えれば、説得力があるよね。
みんながそういうふうに物を見ていって、自分でわかっていくことができるという教育になるよね。

入口　これはおもしろいと思う。
物の見方が量子レベルに変わるよね。誰かから教わったインプットされたことを超えていける。

石井　植物をカタカムナとはっちゃんの直感力で読み解くというのは、これから必要かもしれませんね。
人の役に立つんじゃないですかね。

吉野　そう思いますね。

石井　今、野草とか松とかがすごくブームになってきているから。

吉野　菌もね。
私たちの中にある常在菌とかも、その名前からどういう役割をしているか紐解いていくと、すごくおもしろそう。
是非やりたいですね！

Chapter 3

コロナとは「心の核」、「今の調和」のために「溜まったエネルギーを一気に発散させる」!!

コロナがきて、臨死体験で見た平和な未来につながれた!?

みづほ　今、世の中ではコロナからウクライナの戦争といろんなことが起きていますが、それにはどういう意味があるのでしょう。

吉野　私が思うには、コロナの前まで八重山諸島に中国の軍艦がどんどん来たり、北朝鮮がミサイルを発射したり、韓国が変な動きをしたりして、日本は防衛力を高めなきゃいけないという感じになっていましたね。

もしコロナが中国で発生しなければ、あのまま行ったら、1~2年のうちに中国が攻めてきて、八重山諸島は中国領になっていたかもしれないです。

それを阻止するためにコロナが中国から出てきて、何とかそれを沈静化させなければいけないということで、この3年間、そういう動きは、立ち消えになった。

入口　私は、実はコロナは、これから社会を生きていく子どもたちが起こしたものだと思っているの。

未来の子どもたちが、こんな大人たちと思って、30代、40代のエネルギーがさらに暴走する前にコロナを起こしたような気がしているの。

私、死んだときに、30年後の未来を見てきたでしょう。

そこは調和がとれて満たされた、すごくいい世界でした。

実は、コロナになるまで、未来を想像しても、どうやってそこに行くのかわからなくて苦しかったのね。

だけど、コロナになったときに思ったら、平和な未来があるんですよ。

吉野　カタカムナ神であるアマビエが、そういう状態をつくり出したんじゃないかと思うんですね。

コロナって、カタカムナで読み解くと、5、6、7で「今の調和」となるの。

今が、調和していないから、コロナが起こって調和しているという意味。

数霊では「16＋34＋14＝64」で46のネ（充電する）の逆数だから、「放電する」

つまり「溜まったエネルギーが一気に発散される」となります。

だから、その封印されたのもが出てこようとしている状況が「567＝今の調和」であり、数霊「64」の「放電する」つまり「溜まったエネルギーが一気に発散される」とつながる。

でも、コロナとは太陽の光のことだから、それは生命が延びていく方向を指しているんです。コロナとは「心の核」という意味。

これを話し出すと、止まらなくてムリ！

みづほ　言って言って。

吉野　めちゃくちゃ簡単に言うと、カタカムナの神は聖杯、縄文の女神なの。

その聖杯に統合する種が「父さん（十・三）」。

つまり、103（カタカムナの数霊）。

カタカムナの十の字が「父さん」、○の字が「母さん」、その中に生まれる「子＝私」。

父さんが母さんを神として崇めていた。

土偶の体型の基本は十字型（父さん）で、外の姿は妊娠した母さん、その母体には父との愛の結晶である子どもが宿っている。つまり、三位一体を表しています。

カタカムナはアシア族の文明だと言われているけど、アレキサンダー大王の前、トルコのアナトリアというところにアシア国（後に大王の東方遠征で、全体がアジア大陸と呼ばれるようになったので小アジア国となった）というのがあって、私は彼らは日本語を話していて、日本から渡ったカタカムナ人だったと思います。

そして、ユダヤ教もキリスト教もイスラム教も、そしてインドの仏教も、カタカムナの影響を受けて生まれた。ヘブライ語と日本語の類似性もそこで生まれた可能性がある。

そのメソポタミアで信仰の対象となっていた女神が「アルテミス」です。

アルテミスをいろんな角度から読み解くと、日本の宗像三女神と同じになる。

そしてその姿は、今はやっているコロナを治すと言われている「アマビエ」に行き着くの。

スゴく読み解きを飛ばしているから、何のことだかわからないだろうけど、そうなる。

アルテミスの働きの一つは、疫病を起こして治すというのがあるけど、アマビエも同じ疫病の神だよね。

人間に命の大切さを知らせるために疫病を起こして救う神はあれしかいない。

両神とも、上半身の全てが乳房で、下が魚。あれは龍宮の乙姫なの。

人類すべてを我が子として「さあ、我が乳をお飲みなさい！」と言っている。

入口　龍宮といえば、沖縄では、ジュゴンを人魚姫と言ってちゃんと祀っていた。それが実はアマテラスなんじゃないかと言われているんですよね。

吉野　そうなんだ。
コロナというのは、みんなを覚醒し、この世の中を転換するために起こっているということがカタカムナで読み解くとみえてきます。

Chapter 4 カタカムナは死の恐怖を克服するための叡智だった!?

カタカムナが伝える生命の永遠循環とは!?

吉野　カタカムナが伝える基本的なことは命の永遠性なんですよ。

今という時が死んで過去になり、今、今、今と、死んで生きて、死んで生きてという一瞬一瞬がつながって、人の一生になる。

人の一生も、寝たり起きたりするのと一緒で、寝ているときは死んでいるとき、起きているときは活動しているときという感じなんです。

人の寿命は、もともと最初に決まっているんですね。

ヒフミの48音を読み解いていくと、第6首に「ハエツヰネホン　カタカムナ」とあって、ハエツというのは、現代語で言うと、DNAが引き合って（ハ）、RNA

が転写され（エ）、たんぱく質が集まって（ツ）、生命が生まれることを表しているんです。

「ヰネホン」とは、子宮の中で胎児という存在になって（ヰ）、寿命が充電され（ネ）、ポンと母の子宮から引き離される（ホン）という意味で、ハエツヰネの「ネ」が寿命なんです。

寿命が最後に充電されて、「ホン」で引き離されてお母さんから出てきて、それがまた一つのカタカムナという核になってつながっていく。

そういうことなので、それを本当に理解すると、死ぬことと寝ることは一緒で、それを理解することでカタカムナとは死の恐怖を克服するための叡智だと言えるんです。

天国に行くとか、地獄に落ちるとか、死んだら全て終わりというのではなくて、全てがつながっている。死の時間もつながっているし、生きている時間もつながっていて、また生まれ変わってくる。

カタカムナを学んで生命の永遠循環というのを理解すると、死が恐怖ではなくなる。

だから、私なんかは、ずっと生きたいという思いはないです。使命が終わったらスッと死ぬと、次の瞬間に生まれてくる。やり切った命は、次の生にすぐつながるんです。

そしたら、新しいエネルギーと若さと美貌と能力を全て兼ね備えた新しい生命体として、もっと実力が発揮できるので、ある意味では、今回は今回で楽しんで、次回も楽しむぞという生き方ができるから、死が恐怖ではなくなる。

老化こそ若返りの最短最強の方法!

皆さんと別れるのは寂しいんですけど、縁をつけてつながっている方とは、また必ず出会うんです。

みんなどれかの死に方をしなければいけないけど、できれば生きているときに自分の使命を全て果たし切って死ぬ。

そういうチャンスは与えられたいなというのはあるから、一生懸命生きていくんですね。

入口　私は弟が4歳と21歳で亡くなり、悲しみと苦しさがあったのですが、あるとき、今世は短かったけど、前世では5百年くらい生きて、最後の4年と21年を私の弟たちとして出会ってくれて、魂的宇宙的にみたらそれで良かったのだとわかって安堵しました。

吉野　戦争がなかった縄文時代には、病気や自然災害か何かで必ず死に直面しなければいけない命だから、大事に使いましょう、一人一人が生命を全うできる世の中にしたいというので助け合った。

だから、ああいう創造性豊かな文化が爆発した時代が1万4000年間、日本を中心に続いたわけで、これはすごいことです。

今、生きているこの瞬間に感謝できるということですね。

先に旅立つ魂を見送るのは、やっぱり淋しいけど、死を受け止めて、今生きていることに感謝して生きていく。

――それが全部カタカムナウタヒに書かれているのでしょうか。

吉野　カタカムナウタヒに書かれている部分もあるし、日本語48音で読み解いてわかった部分もあります。

Chapter 5

ムー大陸、レムリア、六芒星、63が蘇るとき!!

母性で表される「無償の愛」を全人類に感じる人を増やす!

吉野　私、今日、来るとき、思ったよ。

カタカムナが出るというのは、今のつくった医療とか、つくった食べ物とか、そういうのをできるだけ脱ぎ捨てていって、全て自然の中にあるもので生きていた時代を蘇らせるということが、今から始まっていくんだろうなって。

それははっちゃんが持っていて、私が持っていないもの、本当の縄文人というか、そういう人が発信し、出していくということなんじゃない? そう思うよ。

入口　私、フランス人ですけど(笑)。
軽くスルーされると、ちょっとつらいので。

吉野　フランス人というのは理解できたのよ。フランスって、国番号が33なのね。だから、中心にある数。

入口　ジョークだったんですけど(笑)。

吉野　そうか、私は、フランス人と聞いて、なるほどなと、すぐ思った。

入口　私が石垣島のハーブや植物のことを子どもたちに伝えていくために「島の薬箱」というネットワークを作りたくて商標登録したら、「はっちゃん、それ、わかっていてやったの？　63なのよ」と言われたのね。それがムー大陸という意味だった。

吉野　そうそう、ムーの実体という、ムー大陸もレムリアも63になる。六芒星の実体というのは、イリキヤアマリ、瀬織津姫のことですね。母性として表される「無償の愛」を自分の子どもだけでなく、全人類に感じる人々を世界各地で増やすという闘いが始まる。これから。お金とか名誉とか地位とか、そういうのじゃなくて、子どもへの無条件の愛を持ってハートからすべてを行う人として。

だから、アルテミス、アマビエは、体じゅうがオッパイだらけなんです。そして足が魚のヒレ。
あれは、全て私の子よと言っているのね。

入口　みんな子どもにしか見えないものね。

吉野　でも、メソポタミアの古代の人は、その女神を信奉していたわけでしょう。昔は、その偉大さにひれ伏していた。
今、それが蘇るときだということなんですね。

――アマビエとアルテミスは、一度疫病にかからせてから、それを治す神様だと言われましたよね。

エフェソスのアルテミス
QuartierLatin1968, CC BY-SA 2.0

吉野　そうそう。疫病の神であり、疫病を治す神。
戦争を起こさないで生命至上主義という価値を呼び戻すためには、人間には病気というのが必要なんです。
自分とか、肉親とか周りの人

『肥後国海中の怪（アマビエの図）』
（京都大学附属図書館所蔵）

が死に至る病気になっていくときは、戦争している場合ではなくなる。

お互いに殺し合うことよりも、何とか救いたいというエネルギーがみんなの中に生まれるんですよ。

それが生命至上主義を呼び起こすんですね。

戦争だったら大変だけど、疫病の場合は、いろいろ対策があるわけじゃないですか。衛生面の知恵とか、これから人類が健やかに生きていくための大きな知恵を蓄えるには、ある意味疫病が必要なのかもしれない。

入口　今聞きたかったのは、なぜアマビエが両方のものを持っているかということだったと思うわけね。

たぶん陰と陽で、いいことも悪いことも、結局、同じじゃないかなと思うんです。戦争も平和も同じ場所にあるので、両方のことができるんじゃないかなって。

でも、起こっていることの何を見てどう捉えて、何に気づいていくのかは生きている私たちにすべて託されていることですよね。

吉野　そうだね。カタカムナには善悪という考え方がないんです。

人間がどう受け取るかで善悪を決めているだけ。

一つあるとすると「生命」を生ききるコト。それが唯一無二の目的。

今、地球のエネルギーは飽和していて、火山国日本で大噴火が起こるかもしれない。大地震が起こるかもしれない。

それが起こったら、日本は潰れます。

日本語を持った日本人がダメになったら世界を救う人がいないので、大変です。

今、私は必死になって地球の核に、私達は愛に生きることを伝えています。

地球が納得してくれたらエネルギーの振動が変わってくるので、地球に愛を届けて地球のエネルギーと交渉しているんです。

震度6以上の地震とか大噴火はどうか起こさないでということを、すごく伝えています。

人間のエネルギーが地球に影響を与えているので、愛に生きる人をたくさんつくっていくことが、この人たちを守ろうという意識を地球に目覚めさせる一番の方法だと私は思っています。なのでそれをやらなきゃいけない。

みづほ　覚悟を決めないといけないですね。

吉野　そうなんです。

Chapter 6

宇宙は私たちを通して循環している!?

楽しくやっている人にはかなわない!?

入口　人間のエネルギーが与える影響について、思い出したことがあります。石垣島でこの前、島の手仕事の品を売っているお店に入ったら、いいなぁと思うものをみつけて、なんか気になるわけさ。

しばらくしてからまたそこに行っても、やっぱりそれが気になるの。そして聞いたら、それは、88歳になるおばあちゃんが一つ一つ手作りしているものらしいのね。それも、作ることが嬉しくて楽しくて作っているわけ。

そうすると、そのものからも、おばあちゃんの愛の力、喜びの波動が伝わって来る。

ところが、別の店でやっぱり手仕事の品が売っていたのね。だけど、それはなんか良くない。

ああ、この店にはいたくないなって思って、すぐにでました。

その店に置いてあるものは、仕事だから作っている、商品として時給いくらとか一ついくらとかで作っているのかな。見た目は同じモノだけれども、全然波動が違うのね。

これなんだなって思ったの。

楽しくてやっている人にはかなわない！

私たちはモノを買っているけど、本当はつながっているのはエネルギーだから波動が共鳴していって、おばあちゃんが喜びでつくったものが私のそばにあるだけで、私もうれしくなって気分がいいわけね。

モノなんだけど、単なるモノじゃない。

それを通して循環しているものがあるわけです。

これは特別なことではなくて、本当は誰もがエネルギーを感じて反応しています。

だから私は、目の前のことを大事にして、今日一日を「ヤッター」と生きる。

吉野　愛に生きるってことを、はっちゃんみたいに、軽やかに喜びのエネルギーでやっていいんだよね。

入口　愛っていろいろあるじゃない？

あと、人間は、自然界のものをいただいて、何かを作ったり食べたりして恩恵を受けていることを当たり前と思っているけど、いただいたら、今度は、自然界に私は何を返せるだろうかって思うことはとっても大事なんですね。

それは、人間も自然界の一部だから。すべてが循環です。

エネルギーも想いも循環していることを忘れたら、宇宙と切り離されていると勘違いしてしまったまま生きることになるから。

それは命がとまってしまうよね。

このことを人間が思い出すことが、今、始まっているんだと思います。

それから、水はエネルギーをすごく転写していくんですよ。

だから、水の扱いを少し大事にしていかないとなあと思っています。

吉野　水を汚すことをやめないといけないね。

浄化して雨になってという水の再生能力が限界に来ているので。

全てを削減していくという縄文人の生き方をしないといけない。

はっちゃんは、葉っぱをお皿にしたりしているよね。

入口 ええ。縄文人じゃないけどね。

吉野 できることをちょっとずつやることでしか水は浄化できない。

入口 もちろん水を汚さないという努力は大事だけど、私は意識だなと思っていて、まず、シャワーを浴びるときはイヤことは考えない。

シャワーを浴びていて何か思ったときは、本当にそれがすぐに行くんですよ。

それは何回も体験している。

だから、海でも川でも、水のそばにいるときは、すごく楽しく、穏やかな気持ちでいる。

沖縄では、持っていかれるから海では絶対にケンカをしてはいけないと言われているんです。

それと、悲しい思いをさせない。

例えば、おじいが「今日は釣れんかったさー」と言っていたら、そういうときのために余分に持っていっていたものをおじいにあげると、喜んで帰っていくわけよ。そういうことを自然の中ではやっていく。特に水の近くでは。

吉野　水は悲鳴を上げているの。

世界のほとんどの地域では生水は飲めない。

それが海に全部流れていっている。

瀬織津姫とか速秋津姫（ハヤアキツヒメ）とか祓戸四神というのがいて、その四神は水の浄化作用を司るんですが、浄化能力を超えているので悲鳴を上げていると思う。

入口　もう限界に来ているんだね。

吉野　水をきれいにすると、空気がきれいになって、植物がきれいになって、最終的に人間の心がきれいになるんだよね。

入口　なるほどね。

反転させるためには、自分の周りの水をきれいにすることが大事ですね。

吉野　そうです。つながっている。

水が心なんですよ。

神の28というのは水のことなんです。

28の思念は「遮り（さえぎ）」、遮りというのは波紋のことなんです。

つながって広がっていくもの。

入口　圧力が離れていくということですね。

吉野　そう、はっちゃん、スゴイ！

次々と水の輪ができて、これが立体になると勾玉という泡になるんです。

心の振動がつくり出す泡。

今、ようやくカタカムナの封印が解けて、愛が溢れ出すというところなんですね。

愛がでてきたから、今度はこれを爆発させていこうっていうのが私たちにあるんです。

カタカムナウタヒには、縄文人の愛に溢れた社会というのが伝えられているです。

だけど、そんなふうに読み解いている人は今いないんですね。カタカムナを伝えている人で。

カタカムナって深いけど、本当にね、愛に溢れているんですよ。

入口　カタカムナは、目の前の地球とわたしの宇宙が愛そのものだよって教えてくれてるんだって思えて、本当に嬉しい。

吉野　うん。28の日にカタカムナルーツの芦屋で、こうしてはっちゃんと愛を伝える本を生み出すんだなって思うと、感無量だよ。

入口　ヤッター!!

全員　ヤッター!!（笑）

そして合計数23を一桁読みにすると、それは、「振動する実体だ」となり、命そのものです。

23の「シ＝示し」とは、「存在して見えているモノ＝生」、そして同時に「存在とは死にゆくモノ＝死」という2つの意味があります。死ぬからこそ愛おしい！


このコラムのタイトル、「カタカムナとは愛だ」、または、「カタカムナ、イコール愛」の数霊は159。「飽和して発信放射」。つまり「愛の爆弾（34）」です。これはアインシュタインの言葉ですが、数霊は34（ロ）で光となります。さすがアインシュタイン！

ヒカルランドのロゴマークがカタカムナを表していただけではなく、ヒカルランドの合い言葉も、カタカムナと同じだったので、本当にびっくりでした❤

＊「むすび愛、めぐり愛、ひびき愛の出版社、ヒカルランド」の数霊
33＋23＝56・7＋23＝30・29+23＝52・20・232・（100）
合計数：390＋100（ヒカルランド）＝490

読み解くと、

「心の示しは今、調和の示しは光そのもの、エネルギーの示しは命、時を超える愛の振動は、反転を起こす。それは突き抜くゼロとなり、反転を起こし、循環するメビウスの環となる」

そのまま読んだんですが、感動ですね！　　［吉野信子］

カタカムナ（103）＋とは（59）アイ（23）＋ダ（−26）＝159

カタカムナ（103）＋イコール（33）アイ（23）＝159

カタカムナとは「愛」だ！
（カタカムナ・イコール愛）

先日頂いた、石井社長からのメールの最後に、「むすび愛、めぐり愛、ひびき愛の出版社ヒカルランド」って書いてあったのを見て、ビックリしました！

実は、カタカムナを一言で表すと「愛・アイ」という言葉に集約されます。

カタカムナとはフトマニというピラミッドに描かれた一つ目（プロビデンスの目）のことなので「eye・アイ」なんです。


また、カタカムナの⊕は陰陽統合を表しています。

陰陽を英語表記すると「I'n You」となり、「'n＝and」の意味なので、「私とあなた」という意味になる。また、「In You」と読んでも「（私）はあなたの中にいる」と読める。

または陰陽は球体なので両端を繋げて読むと、「You In」で、「あなたは私の中にいる」ともなります。

これを一言で表すと「結ばれた、愛・合い・会い・相」です。


そして、カタカムナとは「私の命の根元（源）」という意味なので、英語で書くと「I＝アイ＝私」ですね。

思念では、アイ＝感じて伝えるモノ。


ひらがなで、「あい」と書くと「十（ナ）統合した、めが、伝えるモノ（い）」となり、カタカムナそのものだし、
カタカナで「アイ」と書くと、「フ＝心の振動を、ノ＝時が、イ＝伝えるモノ」となる。

漢字の「愛」は、「ノ、ツ、ワ、心、夂（夏あし）」と分解でき、

「時間を掛けて、集まるモノが、調和する心の、核に集まり、感じる示し」となります。なんかジーンと来ますよね。

数霊で「アイ＝18＋5＝23」で読み解くと「命を感じて、伝わる、示し（＝死）」。

おわりに

最後までお読みいただきまして、ありがとうございます。
出会ったころは、のぶちゃんとの本ができる未来は想像できませんでした。
のぶちゃんの熱い天然トーク、お楽しみいただけましたでしょうか。

自然界を眺めていると、いろんなことに気が付きます。
2023年、さらにその先の未来について、植物や自然界からこんなメッセージを受け取りました。

「2023年には、一度終わったと思ったものが復活する。
途絶えたと思われた二つに一つは、違う場所、違う道で復活できる。
それは、その命を愛おしく思う人たちの手によって受け継がれていく」

古いやり方（生き方）は終わり、新しい想いの世界で生まれ変わるということが、さまざまな方面で起きるのでしょう。

情報は、未来でもあり過去でもあります。

これからは、どんな人も「魂は、ほんとうは何のためにここにいるの？」と問われていきます。

どの地球につながっていくのか、そのために今何を選択するか。

やはり、中心からの「イマ」で動くと魂の調和へと続くようです。

人類の意識の大転換期に、こうしてカタカムナ文明が伝える命と宇宙の本質について、のぶちゃんと深められたことも魂の設定で、必然だったと思います。

本書が出版されるにあたり、多くの意識、見えない世界と見える世界のお力添えをいただきました。

さとうみつろう君、出版をご快諾いただいたヒカルランドの石井健資社長・みづほご夫妻、編集者の友加さんをはじめ本書の誕生に関わってくれたみなさまに感謝致します。

情熱的にカタカムナ研究に打ち込むのぶちゃんを側で支え献身的にサポートしている、旦那さんのかっちゃん、いつもありがとう。

予定通りです（笑）。

そして、私の元気の源である未来の子どもたちの地球、家族、友人、セカイムラのみなさん、島の自然界、地球に体をつなげてくれたご先祖様、未来で出会う方々、私の地球暮らし、人生の道体験にお付き合いくださって誠にありがとうございます。

意図しない未来を糸して、私が私の宇宙を引き受け生きる。

魂の設定を喜び合うソウルたちの今に感謝申し上げます。

２０２３年１月吉日　なぜか初夏の香りの石垣島にて

入口初美

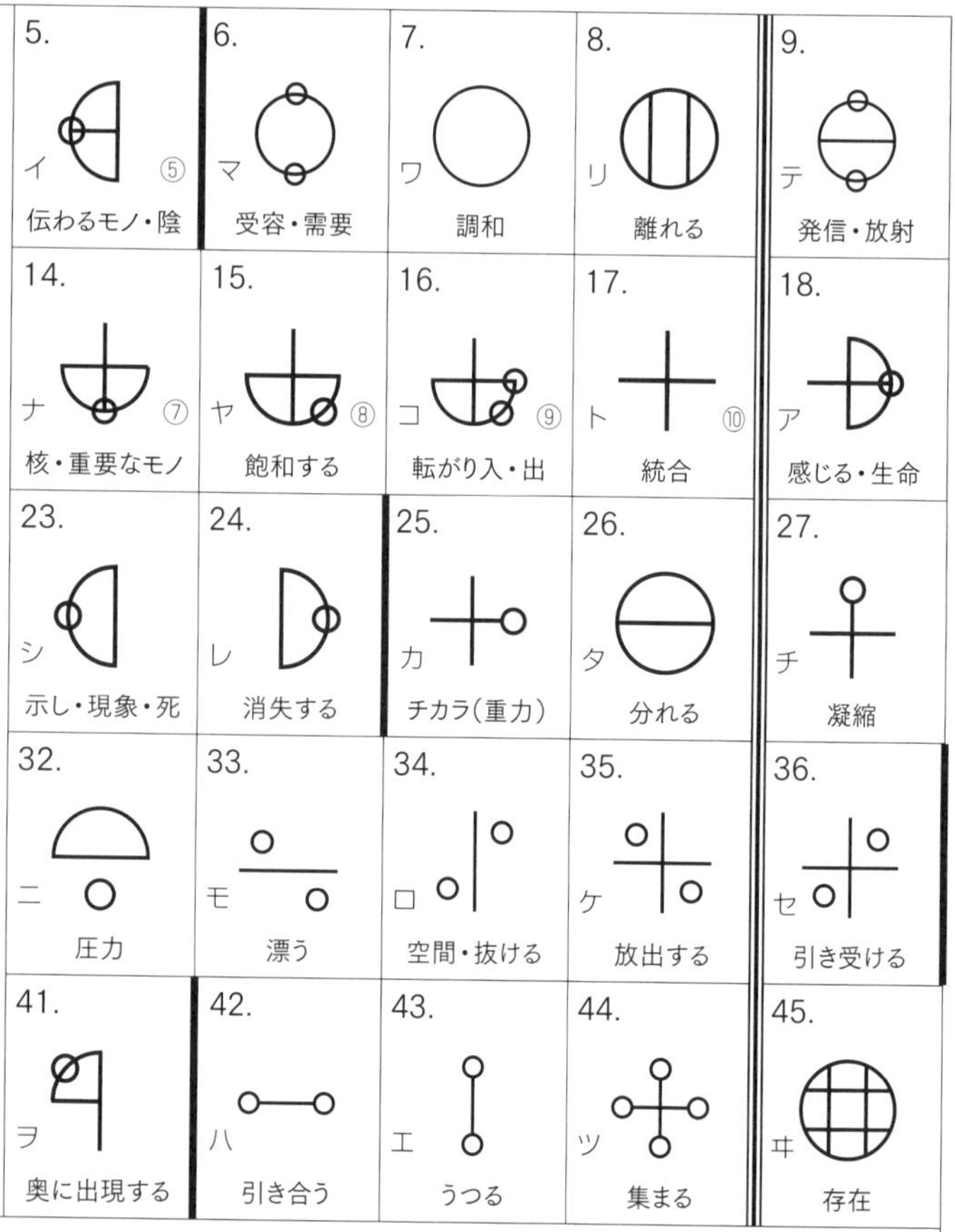

ヒフミヨイ(1 2 3 4 5)　マワリテメグル(6 7 8 9 10 11 12)　ムナヤコト(13 14 15 16 17)　アウノスベシレ(18 19 20 21 22 23 24)　カタチサキ(25 26 27 28 29)

ソラニモロケセ(30 31 32 33 34 35 36)　ユヱヌオヲ(37 38 39 40 41)　ハエツヰネホン(42 43 44 45 46 47 48)　**カタカムナ**

→　これら48音の響きが、物質・生命体**カタ**の、
その見えないチカラの広がり**カム**の、核**ナ**から出ています。

（注）　①～⑩までは、1次元から10次元まで表しています。
短い太いたて線は5字7字のウタの切れ目を表しています。
長い3重線は数霊に関連した線です（この本では説明を省略しています）。

カタカムナ48音の思念（言霊）表

1.  ヒ ① 根源から出・入	2.  フ ② 増える・負	3.  ミ ③ 実体・光	4.  ヨ ④ 新しい・陽
10.  メ 指向・思考・芽	11.  ク 引き寄る	12.  ル 留まる・止まる	13.  ム ⑥ 広がり
19.  ウ 生まれ出る	20. 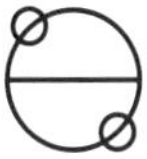 ノ 時間をかける	21.  ス 一方へ進む	22.  ヘ 縁・外側
28.  サ 遮り・差	29.  キ エネルギー・気	30.  ソ 外れる	31.  ラ 場
37.  ユ 湧き出る	38.  ヱ 届く	39.  ヌ 突き抜く・貫く	40.  オ 奥深く
46.  ネ 充電・充たす	47. 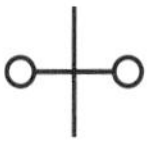 ホ 引き離す	48.  ン 掛る音を強める	

			49.	50.	51.	52.	53.	54.
			転がり 入って 統合する	統合する	縮小する 減少する	伝わる 振動	入って くる	発動する もの
55.	56.	57.	58.	59.	60.	61.	62.	63.
伝わる ものを 伝える・ 生命の種	伝わる 受容・ 広がり	伝わる 調和	伝わる ものが 離れる	伝わる ものが転 がり入る	受容する もの	受容の広 がりが出 る・入る	受容の広 がりが振 動する	広がる 実体
64.	65.	66.	67.	68.	69.	70.	71.	72.
放電する	受容の 広がりが 伝わる	次々と 受容する	広がりが 調和する	受容が 離れる	広がりが 発信・ 放射する	調和その もの	調和した ものが根 源から分 れて出る	膨張
73.	74.	75.	76.	77.	78.	79.	80.	81.
注入する	近づける	調和が 伝わる	調和する 広がり	次々と調 和する核	調和が 離れる	調和して 転がり出 る・入る	離れる もの	離れて根 源から出 る・入る もの
82.	83.	84.	85.	86.	87.	88.	89.	90.
開放 解放	出す 送る	中に入る チカラ	離れて 伝わる	離れる 受容	離れて 調和する	飽和して 次々と 離れる	離れて 転がり 入る	発信・ 放射する もの
91.	92.	93.	94.	95.	96.	97.	98.	99.
中に入る	入るエネ ルギー	発信・放 射を入れ る実体	転がり 出る新し いもの	転がり 入って伝 わるもの	発信・ 放射する 広がり	転がり 入って 調和する	転がり 入って 離れる	次々と 転がり入 り転がり 出る

カタカムナ数霊の思念表 1～99

1. ヒ	2. フ	3. ミ	4. ヨ	5. イ	6. マ	7. ワ	8. リ	9. テ
根元から 出・入	増える 負・振動	実体・光	新しい・ 陽	伝わる もの・陰	受容 需要	調和	離れる	発信 放射
10. メ	11. ク	12. ル	13. ム	14. ナ	15. ヤ	16. コ	17. ト	18. ア
指向 思考・芽	引き寄る	留まる 止まる	広がり	核・重要 なもの	飽和する	転がり 入・出	統合	感じる 生命
19. ウ	20. ノ	21. ス	22. ヘ	23. シ	24. レ	25. カ	26. タ	27. チ
生まれ 出る	時間を かける	一方へ 進む	縁 外側	示し 現象・死	消失する	チカラ （重力）	分れる	凝縮
28. サ	29. キ	30. ソ	31. ラ	32. ニ	33. モ	34. ロ	35. ケ	36. セ
遮り・差	出る エネル ギー・気	外れる	場	圧力	漂う	空間 抜ける	放出する	引き 受ける
37. ユ	38. ヱ	39. ヌ	40. オ	41. ヲ	42. ハ	43. エ	44. ツ	45. ヰ
湧き出る	届く	突きく ・貫く	奥深く	奥に 出現する	引き合う	うつる	集まる	存在
46. ネ	47. ホ	48. ン						
充電する 充たす	引き離す	掛る音を 強める						

吉野信子
よしの のぶこ

カタカムナ言霊伝道士。カタカムナ学校校長。カタカムナの思念表著作者。

1952年生まれ。日本航空国際線客室乗務員を経て結婚、2男1女の母。日本ゴールボールチームの通訳兼スタッフとして10年間サポートし、2012年のロンドンパラリンピックでは、カタカムナの思念を用いた言霊の力で女子チームの金メダル獲得に貢献。以降、カタカムナの研究に没頭し、カタカムナウタヒ5首6首にある日本語48音の思念を発見、「カタカムナ48音の思念表」として一覧表にし発表した。

又、「カタカムナ48音の並び」が「数霊」であることや、全ての形や現象は、振動（周波数、音）によって形成されており物質や文字のカタチが本質を表す「形霊」であることを続々と発見。こうして、あらゆる文字や形を「言霊」「数霊」「形霊」の思念で読み解く方法を確立した。

2018年、カタカムナ学校を開校。オンラインによって日本を超え世界の人々ともつながり、カタカムナの概念を精力的に広めている。

著書に『カタカムナ言霊の超法則』『カタカムナ数霊の超叡智』『カタカムナ形霊の超空間』『カタカムナの時代が到来しました』『カタカムナでめぐる聖地巡礼（越智啓子氏と共著）』『神聖幾何学とカタカムナ（秋山佳胤氏と共著）』（いずれも徳間書店）、『ホツマツタヱとカタカムナで語り尽くす（いときょう氏と共著）』（明窓出版）など、多数。

吉野信子オフィシャルサイト
https://katakamu-na.com

入口初美

いりぐち はつみ

ナチュラルメディスンガイド。植物・ハーブの研究家。石垣島生まれ。

幼少期から、自然界や植物からのメッセージを受け取り、石垣島で自然とともに生きる暮らしを実践。

2015年に交配種のハブに咬まれて心肺停止となり、臨死体験。あの世とこの世を彷徨う中、「全てがわたし」「意識」と気付き、瀕死の状態から奇跡の生還を果たす。以降、「私の魂の声」を聞き、「私の地球を生きる」「私の宇宙を引き受け生きる」ことを決意。

現在は、島の知恵や植物のメッセージ、自然界、場の力と共鳴しながら、こころとからだと魂を整える方法、伝統料理、島ハーブ料理、意識と食と生の講習会などを精力的に伝えている。

メディカルハーブ、メディカルアロマアドバイザーなど植物関係を中心に数多くの資格を持つ。

著書に『石垣島はっちゃんの【島の薬箱】』（ヒカルランド）がある。

島の薬箱 －Ishigaki Island－
https://shimanokusuribako.stores.jp/

言霊、数霊、形霊！
【全ての扉を開ける鍵】
カタカムナ
ニューアースの大出産に立ち会う

第一刷 2023年2月28日

著者
吉野信子
入口初美

発行人
石井健資

発行所
株式会社ヒカルランド
〒162-0821 東京都新宿区津久戸町3-11 TH1ビル6F
電話03-6265-0852 ファックス03-6265-0853
http://www.hikaruland.co.jp info@hikaruland.co.jp

振替
00180-8-496587

本文・カバー・製本
中央精版印刷株式会社

DTP
株式会社キャップス

編集担当
小塙友加

ISBN978-4-86742-215-1

《連続講座、開催決定！》

吉野信子先生の
【全ての扉を開ける鍵】カタカムナ講座
（半年コース）

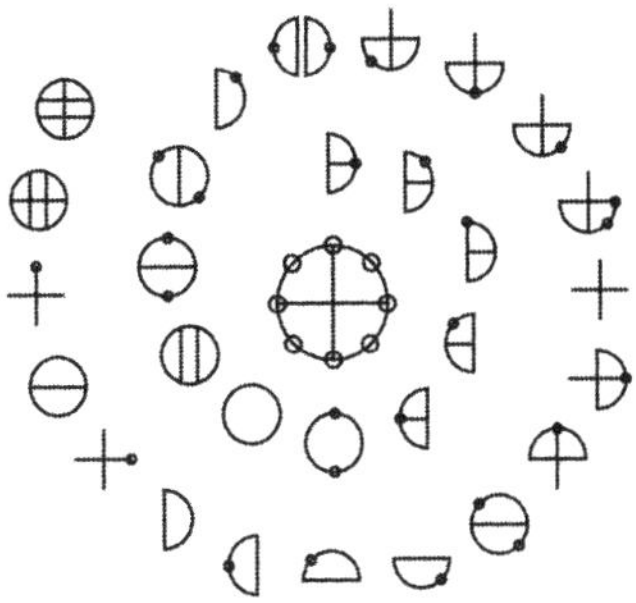

カタカムナの研究に全身全霊で打ち込み、
言霊、数霊、形霊の読み解きを確立させた吉野信子先生による
[カタカムナ連続講座（半年コース）] の開催決定！

上古代文明カタカムナが今に伝える宇宙の真髄、
【全ての扉を開ける鍵】となる読み解き術とあわせて
会場で信子先生から**直接学べる超貴重なチャンス**です！

また、どこからでもご参加いただける
「オンライン参加コース（ZOOM）」もご用意しました。
会場参加、オンライン参加、共に、
テキスト付き、各回の見逃し・復習用動画配信がセットです。
（動画は、期間中すべての回が繰り返し視聴可能）

カタカムナが伝える奥深き宇宙の真理を
信子先生と一緒に探究する半年コース！

なお会場参加は、お席に限りがあります。
ご希望の方はお早めにどうぞ。

自然の中にいるような心地よさと開放感が
あなたにキセキを起こします

神楽坂ヒカルランドみらくるの1階は、自然の生命活性エネルギーと肉体との交流を目的に創られた、奇跡の杉の空間です。私たちの生活の周りには多くの木材が使われていますが、そのどれもが高温乾燥・薬剤塗布により微生物がいなくなった、本来もっているはずの薬効を封じられているものばかりです。神楽坂ヒカルランドみらくるの床、壁などの内装に使用しているのは、すべて45℃のほどよい環境でやさしくじっくり乾燥させた日本の杉材。しかもこの乾燥室さえも木材で作られた特別なものです。水分だけがなくなった杉材の中では、微生物や酵素が生きています。さらに、室内の冷暖房には従来のエアコンとはまったく異なるコンセプトで作られた特製の光冷暖房機を採用しています。この光冷暖は部屋全体に施された漆喰との共鳴反応によって、自然そのもののような心地よさを再現。森林浴をしているような開放感に包まれます。

みらくるな変化を起こす施術やイベントが
自由なあなたへと解放します

ヒカルランドで出版された著者の先生方やご縁のあった先生方のセッションが受けられる、お話が聞けるイベントを不定期開催しています。カラダとココロ、そして魂と向き合い、解放される、かけがえのない時間です。詳細はホームページ、またはメールマガジン、SNS などでお知らせします。

神楽坂
ヒカルランド
みらくる
Shopping
&
Healing

神楽坂ヒカルランド みらくる Shopping & Healing
〒162-0805 東京都新宿区矢来町111番地
地下鉄東西線神楽坂駅２番出口より徒歩２分
TEL：03-5579-8948 メール：info@hikarulandmarket.com
営業時間11：00～18：00（1時間の施術は最終受付17：00、2時間の施術は最終受付16：00。イベント開催時など、営業時間が変更になる場合があります。）
※ Healing メニューは予約制。事前のお申込みが必要となります。
ホームページ：https://kagurazakamiracle.com/

神楽坂ヒカルランド
《みらくる Shopping & Healing》
大好評営業中!!

宇宙の愛をカタチにする出版社　ヒカルランドがプロデュースしたヒーリングサロン、神楽坂ヒカルランドみらくるは、宇宙の愛と癒しをカタチにしていくヒーリング☆エンターテインメントの殿堂を目指しています。カラダやココロ、魂が喜ぶ波動ヒーリングの逸品機器が、あなたの毎日をハピハピに！　AWG ORIGIN®、メタトロン、音響チェア、ブルーライト、ブレインパワートレーナーなどなど……これほどそろっている場所は他にないかもしれません。まさに世界にここだけ、宇宙にここだけの場所。ソマチッドも観察でき、カラダの中の宇宙を体感できます！　専門のスタッフがあなたの好奇心に応え、ぴったりのセラピーをご案内します。セラピーをご希望の方は、ホームページからのご予約のほか、メールで info@hikarulandmarket.com、またはお電話で03-5579-8948へ、ご希望の施術内容、日時、お名前、お電話番号をお知らせくださいませ。あなたにキセキが起こる場所☆神楽坂ヒカルランドみらくるで、みなさまをお待ちしております！

ヒカルランド　好評既刊！

地上の星☆ヒカルランド　銀河より届く愛と叡智の宅配便

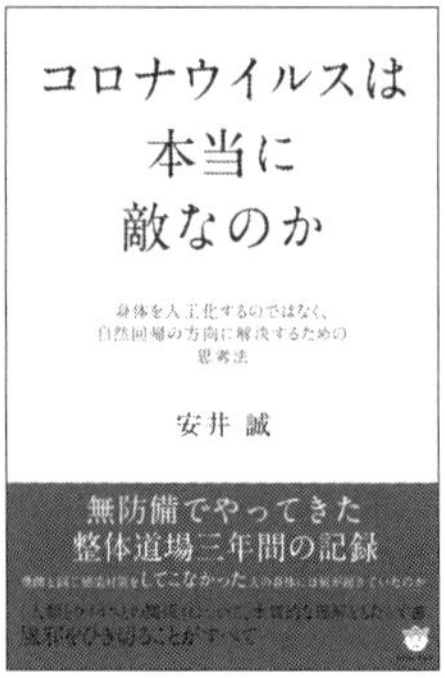

コロナウイルスは本当に敵なのか
著者：安井 誠
四六ソフト　本体2,000円+税

大麻―祈りの秘宝
著者：本間義幸
四六ソフト　本体2,000円+税

究極のCBD【奇跡のホップ】
のすべて
著者：上古眞理／蒲生展之
四六ソフト　本体1,800円+税

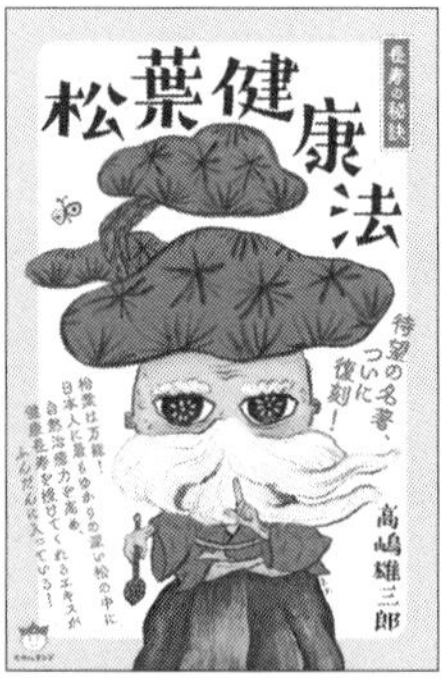

松葉健康法
著者：高嶋雄三郎
四六ソフト　本体2,400円+税

野草を宝物に
著者：小釣はるよ
四六ソフト　本体1,800円+税

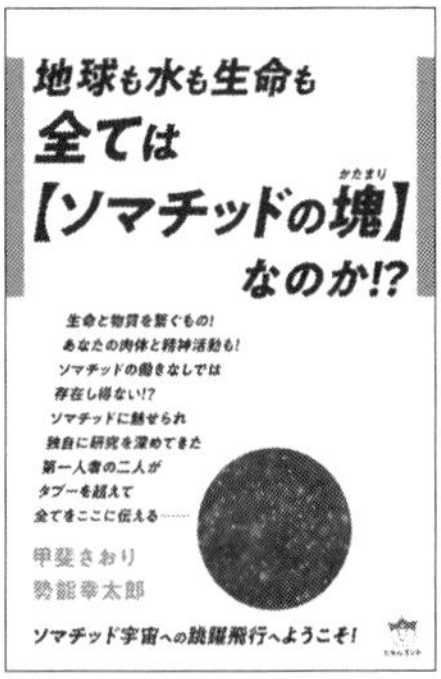

全ては【ソマチッドの塊（かたまり）】
なのか!?
著者：甲斐さおり／勢能幸太郎
四六ソフト　本体1,800円+税